Julia Wege
Stephanie Herrmann
Martin Albert
Saskia Sauter
Laura Quandt

gesichtslos

Frauen in der Prostitution

Mit Fotografien von Hyp Yerlikaya

gesichtslos

Frauen in der Prostitution

rem
Reiss-Engelhorn-Museen

Amalie
Beratungsstelle für Frauen in der Prostitution

herausgegeben von Wilfried Rosendahl & Julia Wege

Inhaltsverzeichnis

Vorwort

Wilfried Rosendahl,
Julia Wege

„Kunst gibt nicht das Sichtbare wieder, sondern Kunst macht sichtbar." (Paul Klee)

Das Zitat des Malers Paul Klee bringt das Anliegen der Ausstellung „gesichtslos" auf den Punkt: Mit dem künstlerischen Mittel der Fotografie in besonderer Art und Weise die Lebenswelt von Frauen in der Prostitution sichtbar zu machen.

Kunst schafft durch schöpferische Gestaltung Raum für Begegnungen, Erfahrungen und Verständigung. Kunst durchbricht festgefahrene Einstellungen, macht Gefühle erfahrbar und lädt ein zur Reflektion. Durch die Betrachtung gelingt es, Sichtweisen zu erweitern, Muster zu hinterfragen, Gewohntes zu verlassen, Neues zu erkunden.

Fotos und Originalzitate bilden in der Präsentation eine untrennbare Einheit, sodass es gelingt, gängige Stereotype und Klischees über Prostitution in den Hintergrund zu drängen und den Fokus auf authentische Einblicke in die oft verborgene und unsichtbare Welt der Frauen mit all ihren Ängsten, Wünschen, Hoffnungen und Gedanken zu richten.

Der kreative, gestalterische Prozess dieses Projektes erstreckte sich über einen Zeitraum von über zwei Jahren. Es war stets ein Ausloten, ein vorsichtiges Herantasten an eine komplexe Thematik – eine Thematik, die von Seiten der Gesellschaft tabuisiert und oft ausgeblendet wird. Prostitution ist ein globales, vielschichtiges Thema. Oft wird es im Kontext von Freiwilligkeit, sexueller Selbstbestimmung, Zwang und Menschenhandel diskutiert. Doch auch wenn auf der einen Seite die gigantischen Milliarden-Umsätze des Rotlichtmilieus bekannt sind, so unbekannt und oft ohne Rechte und in Vergessenheit geraten sind auf der anderen Seite jene, die die *„Tätigkeit"* ausführen. Mit der Ausstellung „gesichtslos" und diesem Begleitbuch möchten wir der Gesellschaft einen Zugang zu dieser oft unsichtbaren Welt ermöglichen, zum Nachdenken anregen, Raum für Diskussionen schaffen und den Frauen im übertragenen Sinne ein Gesicht geben.

Wir haben uns für dieses Projekt immer wieder folgende Fragen gestellt: Wie gelingt es, Gefühle mittels der fotografischen Inszenierung darzustellen? Wie können wir die Persönlichkeitsrechte der Frauen schützen? Welche Themen und Motive wünschen sich die Frauen und welche Geschichten möchten sie erzählen? Wie können wir Einblicke in das Erlebte, die Gedanken und den Alltag der Frauen ermöglichen? Wie gelingt es, die oftmals prekäre Lebenssituation vieler Frauen aus der Armutsprostitution zum Ausdruck zu bringen? In allen Phasen des Projekts waren die Frauen miteinbezogen. Es wurden Interviews mit ihnen geführt, sie haben eigene Ideen entwickelt und diese eingebracht. Während des gesamten Zeitraums entstanden durch den Fotografen Hyp Yerlikaya über 1.800 Bilder. 40 davon wurden für die Präsentation ausgewählt. Die Ausstellung hat nicht den Anspruch, die gesamte Thematik aufzuzeigen und kann durch ihr Format nur sche-

menhaft bleiben. Wir sind uns darüber bewusst, dass das Thema viel facettenreicher ist, dass manche Frauen auch selbstbestimmt und freiwillig in der Prostitution tätig sind und auch Männer der Prostitution nachgehen.
Die Realisierung des Projektes als Ausstellung mit Begleitbuch wäre nicht möglich gewesen, wenn sich nicht zahlreiche Menschen engagiert hätten.

Zuallererst und ganz besonders möchten wir den zehn Frauen danken, die so mutig waren, bei diesem Projekt aktiv mitzuwirken und uns so einen ehrlichen und ungeschönten Einblick in ihre Lebenswelten ermöglicht haben.

Großer Dank gilt Hyp Yerlikaya für die gekonnte künstlerische Umsetzung des Fotoprojektes. Die schwierige Lebenssituation der Frauen wie auch ihre Träume und Hoffnungen spiegeln sich im hohen Maße in seinen Fotos wider.

Aus über 1.800 Fotos die richtige Auswahl zu treffen und dabei stets die Ausstellungsbotschaft im Auge zu behalten, gelingt nur mit einem großen Einfühlungsvermögen für das Sachthema. Dass dies gelungen ist, verdanken wir der hervorragenden kuratorischen Arbeit von Stephanie Herrmann, Wissenschaftliche Sammlungsleiterin des Forum Internationale Photographie an den Reiss-Engelhorn-Museen.

Einen wichtigen Beitrag zur Projektrealisierung haben auch die kreativen Ehrenamtlichen mit Hanne Kerker, Emily Streib und Prof. Dr. Martin Albert geleistet. Auch Ihnen danken wir sehr. Dass die Ausstellung als gestalterisch-inhaltliche Einheit erstrahlt, ist das Verdienst des Ausstellungsteams und von Thomas Glas/Glas AG in Seeheim-Jugenheim.

Dass die Ausstellungsinhalte und zusätzliche Beiträge über den Zeitraum einer Museumspräsentation hinaus weiterhin zugänglich sind, ermöglicht dieses Begleitbuch. Für die Aufnahme ins Verlagsprogramm des Nünnerich-Asmus Verlages in Oppenheim danken wir der Verlegerin Frau Dr. Nünnerich-Asmus.

Die Realisierung des Begleitbandes war nur möglich aufgrund der großzügigen Spende der Martin und Waltraud Kieber-Weiblen Stiftung. Stellvertretend für viele andere Spenderinnen und Spender möchten wir uns besonders bei Familie Krusch, Dr. Richard Heil, Dr. Vincenzo Petracca und dem Soroptimist Club Mannheim sehr herzlich bedanken.

Unser Dank gilt auch dem Ministerium für Soziales, Gesundheit und Integration, welches die Schirmherrschaft übernommen hat.

Ohne das Wohlwollen der Stadt Mannheim und der lokalen Politik, die Beratungsstelle Amalie der Diakonie Mannheim seit ihrer Gründung finanziell zu unterstützen, wäre die wichtige Hilfe für die Frauen nicht möglich. Die Stadt unterstützt das Projekt finanziell über die Projektdauer hinaus. Auch dafür sei an dieser Stelle nochmals ausdrücklich gedankt.

Die Idee, die seit vielen Jahren sehr erfolgreiche und äußerst wichtige Arbeit der Beratungsstelle Amalie in der Umsetzung einer Ausstellung zu unterstützen, wurde von den Mitarbeitenden der Reiss-Engelhorn-Museen begeistert aufgenommen und sehr engagiert in der Umsetzung begleitet. Die Reiss-Engelhorn-Museen sind nicht nur ein bedeutendes Schatzhaus der Geschichte, sondern auch ein lebendiger Ort für einen generationsübergreifenden, gesellschaftlichen Austausch und Diskurs zu Themen von Gegenwart und Zukunft. Die Ausstellung „gesichtslos" passt daher sehr gut zur Programmatik des Hauses. Ob und wie das Ausstellungsthema nun in die Gesellschaft getragen und diskutiert wird, obliegt den Besucherinnen und Besuchern bzw. Leserinnen und Lesern. Alle können einen Beitrag dazu leisten, dass „gesichtslos" nicht sprachlos bleibt.

Prof. Dr. Wilfried Rosendahl
Generaldirektor Reiss-Engelhorn-Museen

Prof. Dr. Julia Wege
Amalie-Beirat

Gedanken zum Thema: Interview mit Andrea L'Arronge
Schauspielerin

Wie sind Sie auf Amalie aufmerksam geworden?

Es war im März dieses Jahres, als bei ARTE ein hochgradig interessanter Bericht über die Armutsprostitution ausgestrahlt wurde. Die Art, wie Julia Wege darüber sprach, wie Frauen zur Prostitution gezwungen werden, wie sie empathisch und professionell mit ihrem Team mit den Frauen arbeitet und ihnen Zuflucht und ein Zuhause gibt, hat mich nachhaltig beeindruckt. Ich kam zu dem Entschluss, Kontakt aufzunehmen und meine Unterstützung anzubieten.

Aus welchen Gründen ist es für Sie bedeutsam, sich bei diesem Projekt zu beteiligen?

Der Beitrag in ARTE hat, wie gesagt, mein Interesse geweckt und ich habe mich im Anschluss daran etwas intensiver mit der Arbeit von Amalie auseinandergesetzt. Es liest sich wie eine „Success Story" – der Erfolg hat der Vision von Frau Wege Recht gegeben. Sie und ihr Team leisten Herausragendes für Frauen am Rande der Gesellschaft. Es gibt viele gesellschaftliche Themen, wo großer Handlungsbedarf besteht. Jedoch wird bei dem Thema Prostitution die Realität ausgeblendet und einfach weggeschaut. Es engagieren sich nur wenige Persönlichkeiten aus dem öffentlichen Leben zu dieser Thematik. Mich für ein solch tabuisiertes Thema stark zu machen, die Stimmen jener Frauen hörbar zu machen, ist für mich nicht nur eine Freude, sondern auch eine Herzensangelegenheit. Für mich war also sofort klar: Da musst Du helfen und Deine Unterstützung anbieten.

Welche künstlerische Herausforderung stellt für Sie Ihre Beteiligung an dem Projekt dar?

Im Rahmen der Eröffnung der Ausstellung lese ich aus Texten von Prostituierten vor. Durch die Kunst können wir Themen anders zugänglich machen, wir können Inhalte auf unterschiedlichen Ebenen darstellen und Menschen emotional berühren. Im Grunde besteht die Herausforderung für mich nicht in der Kunst, etwas vorzulesen, sondern eher in der damit einhergehenden Aufgabe, Frauen in ein anderes Leben zu helfen, ihnen Perspektiven aufzuzeigen, den Weg raus aus der Prostitution zu zeigen. Die Fotoausstellung ist ein kreativer Weg, die Besucher auf einer visuellen und emotionalen Ebene zu erreichen. Die Fotos und die Texte haben mich sehr berührt. Ein Teil dieses Kunstprojektes zu sein und für das damit verbundene Anliegen zu werben, ist für mich persönlich sehr bedeutsam.

Was würden Sie sich in Bezug auf den gesellschaftlichen Umgang mit dem Thema Prostitution wünschen?

Es ist in der Tat erstaunlich, wie stark die Thematik der Prostitution noch immer in der Gesellschaft tabuisiert wird. Aber das sieht man ja auch bei Themen wie Homosexualität. Etwas, das wir alle wieder lernen müssen, ist das Zuhören und die Toleranz anderen Sicht- und Lebensweisen gegenüber. Von daher sollten wir alle „Eisbrecher" sein und solche Tabus suchen bzw. aufbrechen und Dinge, die als selbstverständlich gelten hinterfragen. Wir benötigen eine kritische Diskussion über die Auswirkungen von Prostitution und sollten die Lebensumstände der Frauen realistisch betrachten. Frauen in der Prostitution benötigen eine professionelle Unterstützung und es muss eine gesellschaftliche Aufgabe sein, solche Projekte wie die Beratungsstelle Amalie finanziell und personell zu unterstützen. Und hierzu kann jeder einen Beitrag leisten.

Gedanken zur Ausstellung

Michael Graf

Die deutschsprachige Chronik über das Konzil von Konstanz in den Jahren von 1414 bis 1418 von Ulrich Richental beinhaltet eine Namensliste aller teilnehmenden Würdenträger aus den sakralen und weltlichen Bereichen. Es wird von über 30 Kardinälen, über 300 Patriarchen, über 2.000 Doktoren, über 500 Äbten und klösterlichen Vorstehern berichtet. Auch von über 700 offiziell gezählten Kurtisanen ist die Rede, die für die Befriedigung der weltlichen Bedürfnisse angereist waren. Diese Frauen blieben indessen in den Chroniken namenlos und damit auch gesichtslos. Nur die im Jahre 1993 im Konstanzer Hafen errichtete Statue der Imperia erinnert an die Frauen, die damals ihren Körper feilgeboten hatten.

Von wenigen prominenten Ausnahmen abgesehen, bleiben bis heute Frauen, die in der Prostitution arbeiten, gesichtslos. Gesichtslosigkeit bedeutet, dass bislang nur die subjektive, flüchtige Erotik im Mittelpunkt des männlichen Kaufinteresses und der männlichen Aufmerksamkeit steht, nicht aber die Lebenswirklichkeit der Frauen, die durch das Leben am Rande der Gesellschaft geprägt wird.

Diesem schillernden Begriff der Lebenswirklichkeit setzt die Diakonie den Begriff der Lebensweltorientierung nach Hans Thiersch entgegen. Die Überwindung der Gesichtslosigkeit von Prostitution kann darin bestehen, die Welt so zu sehen, wie sie von den Betroffenen selbst gesehen und erfahren wird. Dabei geht es nicht nur darum, ihr Leid und ihr Scheitern zu erspüren, sondern vor allen Dingen auch darum, ihre Ressourcen und die Chancen auf eine gelingende Alltagsbewältigung und Lebensgestaltung zu sehen und Lösungswege aufzuzeigen. – Das sind Arbeitsansätze, mit denen die Beratungsstelle Amalie arbeitet. Es ist gut, dass nun eine Ausstellung vermitteln mag, was es bedeutet, in der Prostitution zu leben und aus ihr aufzubrechen und auszubrechen.

Michael Graf,
Direktor Diakonisches Werk Mannheim

Die Statue „Imperia" im Konstanzer Hafen, entworfen und ausgeführt 1993 von dem Bildhauer Peter Lenk. Er schuf die Figur in Anspielung an Honoré de Balzacs Erzählung „Die schöne Imperia" aus den „Tolldreisten Geschichten", die zur Zeit des Konstanzer Konzils handeln (1414–1418)

Stephanie Herrmann

Käufliche Liebe: Prostitution in der bildenden Kunst

Der französische Dichter Charles Baudelaire (1821–1867) hat in seinem Tagebuch die Gleichung aufgestellt: „*Was ist Kunst? Prostitution.*" In der Tat: Seit jeher beeinflusst die Prostitution die bildenden Künste und etablierte eine thematisch entsprechende Ikonographie. Maler und Bildhauer, Grafiker und Zeichner, später Fotografen und Fotografinnen – zahlreiche unter ihnen widmeten sich in ihrem künstlerischen Schaffen bis heute der käuflichen Liebe in all ihren Facetten und Abgründen, wie es der folgende historische Abriss exemplarisch aufzeigt.

Seinen Höhepunkt erlebte das Sujet in der französischen Malerei in den Jahrzehnten vor und um 1900. Im Verlauf der zweiten Hälfte des 19. Jahrhunderts war die sprunghaft gestiegene Zahl der Prostituierten zu einer gesellschaftlichen Realität geworden, an der sich nicht zuletzt auch eine moralische Diskussion um Ursachen und Auswirkungen der Prostitution entzündete.

Zwischen Zweitem Kaiserreich und der Belle Époque: Sündenbabel Paris

Vor allem Paris war in der Zeit zwischen dem Zweitem Kaiserreich und der Belle Époque die Hauptstadt der Vergnügung und stand in dem (Ver)Ruf, das Sündenbabel der westlichen Welt zu sein. Die Stadt befand sich in einem massiven sozialen Wandel. Prostitution war allgegenwärtig, was unter anderem in den verschiedenen Kunstströmungen der Zeit – sei es im Naturalismus, Impressionismus, Fauvismus oder später auch im Expressionismus – seinen Niederschlag fand. Zahlreiche Begriffe entstanden, um die anrüchige Tätigkeit der Frauen zu umschreiben: mit „pierreuses" bezeichnete man jene als Bordsteinschwalben diffamierte Frauen, die nachts illegal auf den Straßen anschafften, „filles encartées" waren „Mädchen mit Karte", die registriert und geduldet im öffentlichen Raum und in den Bordellen ihre Freier anwarben, mit „verseuses" titulierte man schließlich die Gelegenheitsprostituierten, die als Einschenkerinnen in den Bars auf dem Montmartre und entlang dem Boulevard de Clichy ihr mageres Gehalt durch sexuelle Dienstleistungen aufbesserten.

Die Pariser Avantgardekünstler dieser Zeit faszinierte die Ambiguität und Zwielichtigkeit der Prostitution, ihre Doppelmoral zwischen plakativer Zurschaustellung und verborgenem Schattendasein. In ihren Darstellungen thematisierten sie das Rotlichtmilieu ausgiebig, richteten ihr Interesse vielfach aber weniger auf das Offensichtliche. Deutlich reizvoller waren die verbotenen Blicke, entlarvenden Gesten und die Vielzahl erotisierender Codes, mit denen sich die Frauen anboten und zu erkennen gaben, die aber nur von denen entziffert werden konnten, die sie zu lesen verstanden. Neben Gesten spielte Kleidung als Signal und textiles Vokabular eine wichtige Rolle in der nonverbalen Kommunikation zwischen den Geschlechtern.

Mit ihren Werken lösten die Künstler jener Zeit nicht nur die oben genannte Gleichung von Charles Baudelaire auf, vielmehr folgten sie dessen Aufruf, doch bitte das moderne Leben zu malen. Dabei gilt es zu berücksichtigen, dass diese Blicke auf die Welt der Prostitution ausschließlich jene männlicher Künstler sind, von denen wir heute teilweise wissen, dass sie selber mit Prostituierten verkehrten. Ihre Darstellungen sind daher nicht vorbehaltlos zu betrachten. Und doch spiegeln sie neben dem Glanz und Elend des Milieus nicht zuletzt auch die problematische Stellung vieler Frauen in der Moderne wider, wie es der Schriftsteller Émile Zola (1840–1902) in Bezug auf Frankreichs Hauptstadt in einem Artikel äußerte: *„Alle Welt sieht, dass der Verdienst der Frauen in Paris nicht zum Leben reicht. Die Arbeiterin kann zwischen zwei Möglichkeiten wählen: entweder Prostitution oder Hunger und langsamer Tod."*

Skandal! – Édouard Manets „Olympia“

Es war das Bildnis einer Prostituierten, das einen der größten Skandale der Kunstgeschichte auslöste. 1863 malte Édouard Manet (1832–1883) seine „Olympia", deren Name bereits eine Anspielung auf ihre berufliche Tätigkeit war, galt dieser spätestens seit Alex-

Édouard Manet, „Olympia", Öl auf Leinwand, 1863

andre Dumas' (1824–1895) im Jahre 1848 veröffentlichten Roman „Die Kameliendame" über das Schicksal einer Pariser Kurtisane und ihres Verehrers als beliebter Deckname für Prostituierte. Manets Hauptwerk wurde 1865 im Pariser Salon ausgestellt, wo es unter den Kritikern und Besuchern heftigste Reaktionen auslöste. Neben den rein stilistischen Vorwürfen, zu flächige Malweise und zu monochromes Kolorit, war es vor allem die frontale Komposition der Aktdarstellung, die die Gemüter erregte. Die Zeitungen berichteten von Frauen, die beim Anblick des Gemäldes in Tränen ausbrachen, andere attackierten das Bild mit ihren Regenschirmen, so dass man sich gezwungen sah, es höher zu hängen.

Die junge, hellhäutige Olympia liegt mit überschlagenen Beinen ausgestreckt auf einem Bett. Nur ihre Accessoires, eine in das Haar gesteckte Orchideenblüte, Perlenohrringe, ein dunkles, zu einer Schleife gebundenes Halsband sowie ein goldener Armreif bewahren sie vor der völligen Nacktheit, sind durch ihre Symbolik aber zugleich unmissverständliche Anspielungen auf ihre Profession. Ebenso fordernd wie ihre Pose ist ihr Blick, mit dem sie selbstbewusst, ja geradezu provokativ den Betrachter ansieht.

Zwar war das Motiv der liegenden unbekleideten Frau in der Kunstgeschichte seit Jahrhunderten etabliert; Tizians (um 1488–1576) „Venus von Urbino" diente Manet bei seiner Olympia unmittelbar als Vorbild. Doch ging der Impressionist in seinem Werk weit über die altbekannten Darstellungen von Liebesgöttinnen und Nymphen hinaus, indem er auf sämtliches mythologische Gepäck, das die Bilder von Prostituierten bis dato gesellschaftlich akzeptabel gemacht hatten, verzichtete. Seine „Göttin" war im Hier und Jetzt von Paris angekommen. In einer Zeit, in der die Stadt über 30.000 Prostituierte zählte, eine von ihnen unzweideutig und mit selbstbewusstem Blick auf die potenzielle Kundschaft darzustellen, war revolutionär und überschritt jegliche konventionellen Schamgrenzen. Die Frau, die Manet für seine Olympia Modell lag, war in realiter dagegen keine Prostituierte, sondern die selbstständige Malerin Victorine Louise Meurent (1844–1927), die mehreren Künstlern in dieser Zeit als favorisiertes Modell diente.

Unverhüllt – Die Bordell-Monotypien von Edgar Degas

Einer, der sich von Manets Hauptwerk inspirieren ließ und für dessen Ankauf durch den französischen Staat spendete, war der Maler und Bildhauer Edgar Degas (1834–1917). Zu Studienzeiten hatten sich die beiden Künstler während ihrer Zeichenübungen vor den Originalen im Louvre persönlich kennen und schätzen gelernt.

Nur in seinen frühen Schaffensjahren widmete sich Degas der altehrwürdigen Historienmalerei, die in der akademischen Hierarchie der 1860er Jahre nach wie vor die wichtigste Bildgattung war. Vielmehr zogen den jungen Künstler die Themen der Gegenwart in ihren Bann. Seine bevorzugten Modelle waren die Frauen auf den Straßen der pulsierenden Metropole Paris. Zum einen die Vertreterinnen seiner eigenen bourgeoisen Gesellschaftsschicht, die er bei ihrem Stelldichein in der Oper, in Museen oder auf der Rennbahn porträtierte. Zum anderen jene Frauen, die am entgegengesetzten Ende der sozialen Stufenleiter standen: Wäscherinnen, Grisetten und Prostituierte. Es sind gerade letztgenannte Porträts und Milieustudien, die Degas' hohe psychologische Beobachtungs- und Darstellungsgabe bis heute eindrucksvoll sichtbar machen.

Besonders experimentierfreudig war Degas auf dem Gebiet der Druckgrafik. Von sich reden machte er vor allem durch die Wiederentdeckung der Monotypie, einem Druck-

Mit Pastell kolorierte Bordell-Monotypie „Weibliche Akte" (um 1879) von Edgar Degas

verfahren, bei dem auf einer Glas- oder Metallplatte Farbe aufgetragen und mittels Presse oder Handkraft nur ein einziger Druck (Monotypie) angefertigt wird. Die zunächst mit Tinte oder Druckerschwärze schwarz-weiß angelegten Blätter überarbeitete er zum Teil nachträglich mit Pastellkreide. Unter seinen Monotypien befindet sich ein umfangreiches Konvolut an Bordell-Szenen, die ursprünglich unter dem Titel „Scènes de maisons closes" zwischen 1876 bis 1877 entstanden sind. Degas zeigt in diesen Arbeiten keine idealisierten Akte, vielmehr brechen die Körper der Prostituierten radikal mit allen akademischen Idealvorstellungen der Zeit. Unverhüllt, ungeschönt und mit geradezu sezierendem Blick erfasst er die körperlichen Unzulänglichkeiten der Frauen, ihre verlebten, infolge ihrer Tätigkeit und Lebensumstände ausgebeuteten Körper. Degas selber beschrieb die Entstehungsweise und Bildsprache dieser Akte mit den Worten: *„Es ist, als ob man durch ein Schlüsselloch guckte."*

Aus Degas' Oeuvre waren die kleinformatigen Monotypien lange Zeit die am wenigsten bekannten Arbeiten und allein aufgrund ihrer derben Anschaulichkeit zu Degas' Lebzeiten nur Eingeweihten vorbehalten. Sie blieben bis zu seinem Tod stets in seinem Besitz. Erst Anfang der 1920er-Jahre wurde das Konvolut der Bordellmonotypien von Ambroise Vollard (1866–1939), dem renommierten Kunsthändler und Galeristen von Picasso, Cézanne und Renoir, erworben. Nachdem Vollard in Zusammenarbeit mit dem Kupferstecher Maurice Potin die Blätter um 1935 unter dem Titel „Mimes des Courtisanes de Lucien" herausgab, gelangten die brisanten Szenen erstmalig in das Licht der Öffentlichkeit.

Ähnlich konsequent wie Degas widmete sich sein Landsmann Henri de Toulouse-Lautrec (1864–1901) der Prostitutionsthematik. Mit seinen ungeschminkten Szenen des Pariser Nachtlebens rund um den Montmartre wurde er zu einem der wichtigsten Chronisten der Belle Époque. 1893 illustrierte er auf dem Deckblatt zur Partitur des Chansons „Pauvre Pierreuse!" mit wenigen Strichen das Elend und das Ausgeliefertsein all jener Frauen, die sich für Geld verkaufen müssen.

Henri de Toulouse-Lautrec – Das Bordell aus der Nahsicht

Doch war seine Herangehensweise an diese Motivik eine andere. Zwischen 1892 bis 1896 lebte Toulouse-Lautrec zeitweise über mehrere Wochen im Bordell „La Fleur blanche", einem der zu dieser Zeit luxuriösesten Bordelle von Paris, gelegen in der Rue de Moulins im ersten Arrondissement. Er teilte das Leben und den Arbeitsalltag der Frauen und bekam so Einblicke in Bereiche, die Außenstehenden verborgen blieben. Die zahlreichen Gemälde, Zeichnungen, Lithografien – hier vor allem jene aus dem Album „Elles", das eine Art Zusammenfassung seiner Beobachtungen und Erfahrungen des Bordelllebens bildet, sind in ihren Aussagen völlig ungeschönt, in Teilen auch drastisch. Er malte die Frauen meist halbnackt, beim Anziehen in ihren Räumen, beim Anwerben im Salon oder beim Warten auf den nächsten Freier. Auch die wöchentlich durchgeführten medizinischen Untersuchungen, für die ein Arzt die Bordelle aufsuchte, um die Frauen unter oftmals hygienisch bedenklichen Umständen auf übertragbare Krankheiten zu untersuchen, hielt er in seinen Bildern fest.

Henri de Toulouse-Lautrec, „Femme tirant son bas" (Frau beim Strümpfeanziehen), Öl auf Karton, 1894

Doch anders als viele seiner Künstlerkollegen erhebt Toulouse-Lautrec in seinen Arbeiten niemals den moralischen Zeigefinger. Er stellt die Frauen weder bloß noch bewertet er ihre Tätigkeit. Vielmehr drücken seine Werke eine große Achtung und eine tief empfundene Empathie für die Frauen aus,

Henri de Toulouse-Lautrec, Deckblatt zur Partitur „Pauvre Pierreuse!", Lithografie, 1893

deren Lebenswirklichkeit er in all ihren Facetten und Abgründen so gut kannte, dass er gar nicht deuten musste. Dass er insbesondere für seine ikonischen Plakate, die er unter anderem für das Pariser Varieté Moulin Rouge am Montmartre entworfen hat, der Nachwelt bekannt ist, ist angesichts seiner herausragenden atmosphärischen und authentischen Bordellstudien deutlich zu kurz gegriffen.

Die Linie als Waffe – Prostitution in der Grafik

Mit den oben genannten Arbeiten von Degas und Toulouse-Lautrec wurde bereits angesprochen, dass Künstler häufig das Medium der Druckgrafik für ihre Auseinandersetzungen mit der Prostitutionsthematik gewählt haben. Diese themenspezifische Hinwendung zur Grafik darf vor allem in der Intensität der grafischen Linie und ihren charakteristischen Eigenschaften gesehen werden. Schon mit wenigen gesetzten Strichen erreicht man den intendierten Ausdruck, die scharf gezogene Linie offenbart mit messerscharfer Präzision die kritischen Bildinhalte, ohne zu beschönigen und für jedermann verständlich. Nichts wird im Unklaren gelassen; alles tritt präzise konturiert an die Oberfläche. Dabei bekommt bereits der grafische Arbeitsprozess – gewissermaßen als der Weg zum Ziel – deutlich aggressive Züge, wozu Eberhard Roters feststellt: *„Die Künstler gebrauchen ihr Handwerkszeug wie eine Waffe. Es sind spitze Gegenstände, mit denen sie das Papier, auf dem sie ihre Bilder und Gestalten sichtbar werden lassen, behandeln, als wollten sie es verletzen; – der Bleistift, die Feder, der Griffel, die Radiernadel, das Holzschnittmesser, sie gleichen Lanzen, Dolchen, Stiletts.*" (Eberhard Roters, zit. nach Herrmann 2017, S. 171).

Max Klinger, „In die Gosse!", Blatt Nr. 10 aus dem Grafikzyklus „Ein Leben", Radierung, 1884

In seinem 1884 erstmals erschienenen Grafikzyklus „Ein Leben" erzählt Max Klinger (1857–1920) in insgesamt 15 Einzelblättern vom Schicksal einer „gefallenen Frau", deren Lebensweg exemplarisch für viele Prostituierte im ausgehenden 19. Jahrhundert steht. In einer symbolisch chiffrierten Bildsprache üben seine Radierungen harsche Sozialkritik an den Missständen jener Zeit, den sich wandelnden Geschlechterrollen und einer veränderten Sexualmoral. Zum Ende des Zyklus beschreibt das Blatt „In der Gosse" gleichnishaft den Fall der Protagonistin und ihren Ausschluss aus der Gesellschaft – anschaulich illustriert durch ihre verzweifelte Gegenwehr gegenüber einer aufgebrachten Menschenmenge, die sie versucht, in den Abgrund des verdreckten Rinnsteins zu stoßen. In verwandter Weise hatte bereits Émile Zola in seinem 1880 erschienenen Roman seine Titelfigur Nana als „Venus im Gossendreck" auftreten lassen.

1921, nur ein Jahr nach Klingers Tod, ediert der junge, radikal gesinnte Düsseldorfer Künstler Hans Rilke (1891–1946) seinen ebenfalls 15 Blätter zählenden Lithografie-Zyklus „Und die große Stadt fraß Frauen" als schockierendes Zeugnis über die sozialen Missstände seiner Gegenwart. Zwar ist Rilkes Stilistik völlig unterschiedlich. Angesichts der auffälligen Analogien beider Mappenwerke hinsichtlich Aufbau, Inhalt, Intention bis hin zur Benennung der Einzelblätter muss Rilke aber den Klinger'schen Zyklus zumindest gekannt haben. Dabei geht es auch Rilke nicht um die Schilderung eines individuellen Schicksals, sondern um eine grundsätzliche Anklage der zum Teil prekären Lebenssituationen von Frauen im Sog der Großstadt. Auch bei ihm kulminiert der Leidensweg seiner Protagonistin in dem Blatt „Gosse", das innerhalb der Blattabfolge ihren sozialen Abstieg, ihre Verelendung, ihr Abrutschen in die Prostitution und ihr zukünftiges Schicksal als „Menschenware", so der Titel des Folgeblattes, markiert. Von der eigenen finanziellen Not getrieben, bleibt der Gefallenen nur der Weg in die Prostitution, um ihren Körper zum Preis von „15.- M" zur Menschenware zu degradieren. Der Widerwillen gegen dieses Leben steht ihr deutlich in das Gesicht geschrieben. Doch eine Alternative scheint es für sie nicht zu geben, mit mürrischem Blick hat sie bereits auf dem Schoß des nächsten zahlenden Freiers Platz genommen.

Hans Rilke,
„Menschenware",
a. d. Mappenwerk
„Und die große Stadt fraß Frauen!", Lithografie, 1921

Mit seinem Lithografie-Zyklus dokumentiert Hans Rilke seine Zugehörigkeit zu einer Generation von Künstlern, die von der kunstgeschichtlichen Forschung unter dem Begriff der „Verschollenen Generation" geführt wird. Es sind jene jungen Künstler, die mit dem Ende des Ersten Weltkrieges an die Öffentlichkeit treten und die mit ihren oft radikal-künstlerischen Äußerungen eine Erneuerung der Gesellschaft einfordern. So sind sie denn auch mehr politische Aktivisten als Künstler im überkommenen Sinn, die ihr Interesse vor allem während der krisengeschüttelten Anfangsjahre der Weimarer Republik fast ausschließlich auf politische und soziale Bildinhalte richten. Die Realität in ihrer ganzen Abgründigkeit zu erkennen, aufzudecken und in ihren Bildern ungeschminkt wiederzugeben; nicht länger tatenlos die Augen zu verschließen vor den sozialen Missständen der Zeit: Das waren die Ziele, die sich diese lange vom Krieg unterdrückte und nun mit neuem kritischen Bewusstsein nach außen drängende Künstlergeneration eines sozialkritischen Verismus' auf die Fahnen geschrieben hat, von der heute vor allem Namen wie Max Beckmann, George Grosz und Otto Dix bekannt sind.

Durch die Linse der Kamera – Prostitution und Fotografie

Die Erfindung der Daguerreotypie, dem ersten praktikablen und kommerziell nutzbaren fotografischen Verfahren im Jahre 1839, war zugleich der Beginn neuer Darstellungsmodi von Nacktheit, Erotik und sexuellem Konsumverhalten. Bereits wenige Monate nach Bekanntwerden der neuen Technik waren die Belichtungszeiten kurz genug, dass die Modelle ausreichend lange in absoluter Starre verharren konnten. Zahlreiche Fotografen experimentierten mit der Darstellung erotischer Sujets und wieder war Paris als offizielle Geburtsstätte der Fotografie, das kommerzielle Zentrum von Herstellung und Vertrieb erotischer Bilder – jetzt nicht mehr nur auf Leinwand oder Papier, sondern auch auf versilberten Metallplatten fotografisch festgehalten.

Anonym, „Der wählerische Busenliebhaber", Albuminpapierabzug (teilkoloriert), Paris, um 1900

Die Akt-Daguerreotypien entstanden ausnahmslos in den Ateliers der Fotografen, zeigten also arrangierte Szenen. Das galt sowohl für die Darstellungen, die mit einem vermeintlich kunstwissenschaftlichen Anspruch unter dem verbrämenden Begriff „académies" als Studienobjekte und Zeichenvorlagen für die akademischen Maler produziert wurden. Das galt umso mehr für all jene Aufnahmen, die dezidiert erotische bis hin zu pornografischen Vorstellungen visualisierten und ganz offensichtlich der lustvollen Erbauung einer männlichen Klientel dienten. Gerade Letztere spielten mit den Fantasien rund um das Treiben in den Bordellen, weswegen die Fotografen sich größte Mühe gaben, ihre kargen Studioeinrichtungen in lasterhafte Salons, Boudoirs und Schlafzimmer zu verwandeln.

Dass in den Bordellen selber nicht fotografiert werden durfte, lag auf der Hand: Alleine mit Blick auf die Anonymität ihrer Kundschaft hegten Bordellbetreiber kein Interesse daran, die Geschehnisse in ihren Etablissements bildlich festzuhalten, geschweige denn der Öffentlichkeit preiszugeben. Zum anderen verhinderten zu Anfang technische Unzulänglichkeiten, wie die sperrigen Kameras und die wenig lichtempfindlichen Emulsionen die Herstellung von Aufnahmen in den schummerig beleuchteten Räumlichkeiten vor Ort. Erst zu Ende des 19. Jahrhunderts, nachdem sich die technischen Möglichkeiten rasant entwickelt hatten, etablierte sich auch die sogenannte Bordellfotografie als eine Nische in der erotischen Bilderproduktion. Aus Furcht vor Zwangsbeschlagnahmung, Berufsverbot, strafrechtlicher Verfolgung und langen Haftstrafen signierten die Fotografen ihre erotischen Werke entweder nicht oder versahen sie nur mit Pseudonymen, Monogrammen oder einfachen Bestellnummern. Auch über die Vertriebswege und Verteilungsmechanismen der anstößigen Aufnahmen ist bis heute wenig bekannt, außer der Tatsache, dass sie nicht offiziell angeboten, sondern über Zwischenhändler oder „unter der Hand" ihre Besitzer wechselten. Es darf davon ausgegangen werden, dass viele der daguerreotypierten Erotika

– vor allem jenen mit pornografischem Inhalt – in den Bordellen selber, zumindest in denen der gehobenen Preisklasse, verkauft wurden. Hier ließen sich auch die Namen von Händlern oder Ateliers diskret erfragen. Mehr noch als die Fotografen trugen die Modelle das Risiko, enttarnt und polizeilich belangt zu werden. Während für die Anfertigung von den legalen „académies" auf registrierte und damit berufsmäßige Künstlermodelle zurückgegriffen werden konnte, handelte es sich bei den Modellen, die für besonders anstößige Sujets posierten, häufig um Prostituierte, die über die Bordelle gegen Geld angeworben wurden.

William Goldman – Einblicke in amerikanische Bordelle

Der Fotograf William I. Goldman (1856–1922) riskierte nicht weniger als seinen guten Ruf, als er um 1892 Prostituierte in einem Bordell in Reading, einer zu Ende des 19. Jahrhunderts expandierenden Stadt in Pennsylvania, fotografierte. Das Etablissement, in dem die Aufnahmen entstanden, wurde äußerst lukrativ von der Bordellbetreiberin Sarah D. „Sallie" Shearer (1848–1909) nur wenige Gehminuten von Goldmans Atelier entfernt betrieben. Es war als sogenanntes Parlor House organisiert, in dem die Freier in einem zentralen Salon unterhalten wurden, während sie unter den Mitarbeiterinnen ihre Auswahl trafen. In welcher Beziehung Goldman zu den Frauen stand, muss an dieser Stelle offenbleiben. Die Körpersprache, mit der die Frauen in teils provokanten Haltungen und mit unverhülltem Blick vor der Kamera posieren, bezeugen ein Vertrauensverhältnis zwischen Fotograf und Modellen, was nicht unweigerlich sexuelle Intimität voraussetzt, aber auch nicht gänzlich ausschließt. Goldman begegnete den Frauen mit Respekt und Würde, wenn er sie in ihren alltäglichen Verrichtungen beim Lesen, Baden und Zurechtmachen ablichtet. Teilweise scheinen sich die Frauen mit ihren Posen jeglicher sozialen Etikette bewusst entgegensetzen zu wollen – so jene, die mit freiliegender Brust und über einem Stuhl gespreizten Beinen eine Zigarette raucht. Allein das Abwenden des Blickes im Moment der Aufnahme, sichtbar an der dadurch hervorgerufenen Bewegungsunschärfe aufgrund der damals noch relativ langen Belichtungszeiten, lassen trotz selbstsicherer Pose eine gewisse Unbehaglichkeit erkennen.

William Goldman, o.T., a. d. Serie über die Prostituierten von Reading (USA), Albuminpapierabzug, um 1892

Rund 200 Aufnahmen machte Goldman von den Frauen vor Ort. Es sind die frühesten bekannten Aufnahmen von Prostituierten in einem amerikanischen Bordell. Für die Öffentlichkeit waren die brisanten Aufnahmen allerdings nie gedacht. Ursprünglich bewahrte sie Goldmann sorgsam geordnet in mehreren Alben auf. Als der amerikanische Fotohistoriker und Kurator Robert Flynn Johnson (*1950) das Konvolut 2010 wiederendeckt, ist er von der atmosphärischen Bildsprache von Goldmans Porträts tief berührt: *„Sie waren eindeu-*

Roswitha Hecke – Liebes Leben. Bilder mit Irene

Zuneigung zu den Fotografierten, Anteilnahme und unaufdringliche Nähe kennzeichnen die Milieustudien der in Hamburg geborenen Fotografin Roswitha Hecke (*1944). In seriellen Arbeiten begleitete sie seit den 1960er Jahren Menschen in den Randzonen der Gesellschaft, wie die Transvestiten im Pariser Pigalle-Viertel oder die Obdachlosen in den verslumten Straßen der New Yorker Bowery.

Roswitha Hecke, a. d. Serie „Liebes Leben. Bilder mit Irene", 1978

1978 veröffentlichte sie den Bildband „Liebes Leben. Bilder mit Irene". Irene, heimlicher Star der damaligen Zürcher Bohème und von dieser als „Lady Shiva" umgarnt, arbeitete bis zu ihrem tragischen Unfalltod als Sexarbeiterin auf Zürichs Straßen. Über mehrere Wochen fotografierte Hecke Irenes Alltag, begleitet sie nach Rom, wo Irene immer ihren Geburtstag feierte. Der Kontakt zwischen den beiden Frauen kam über gemeinsame Freunde zustande. Die Erstausgabe des Bildbandes gewinnt in seinem Erscheinungsjahr den „Kodak-Preis" für das beste Fotobuch, vier Jahre später wird die Taschenbuchausgabe von der Stiftung Buchkunst als eines „der schönsten Fotobücher des Jahres" gekürt. „Schön" ist im Hinblick auf die Thematik des Bildbandes ein irritierendes Prädikat. Die insgesamt 96 Bilder von Roswitha Hecke sind vielmehr absolut unmittelbar und gegenwärtig, ein subtiles und starkes Porträt einer ebenso schönen wie selbstbewussten Frau, die ihre erotische Ausstrahlung demonstrativ den Blicken der Öffentlichkeit aussetzt. In einer Mischung aus inszenatorischer und dokumentarischer Herangehensweise gibt Hecke einen vorurteilslosen Einblick in Irenes Lebenswelt. Von deren Biografie erfährt der Betrachter nicht mehr als ihren Namen. Die Aufnahmeorte bleiben meist vage, nur in einigen Aufnahmen verraten die Werbeschilder des 1931 in der Züricher Altstadt als Tabledance-Bar gegründeten Maxim-Clubs den Schauplatz. Man sieht die Protagonistin mal im eleganten Abendkleid bei einem Diner, mal in freizügigen Dessous zwischen Plastiktüten auf der Straße, mal erschöpft und gedankenversunken.

Mit Irene porträtiert Hecke eine Frau, die mit ihrer frei gewählten Arbeit weder Scham, Unbehagen noch geringes Selbstwertgefühl verbindet. Sie hat den Beruf aus freien Stücken gewählt, weil er gutes Geld bringt, aber vor allem, weil er Ihr eine gewisse Macht und Unabhängigkeit gibt. Im System sexistischer Dominanz hat sie die aktive Rolle übernommen, lebt ihre Weiblichkeit ungehemmt aus, ohne Rücksicht auf gesellschaftliche Konventionen und Rollenbilder. Irenes Haltung spiegelt sich sowohl in ihren Zitaten, die einige Aufnahmen im Buch begleiten, als auch in den Worten Roswitha Heckes wider, mit denen die Fotografin ihre Protagonistin dem Betrachter vorstellt: *„Irene liebt die Straße, die Unabhängigkeit – und den Luxus, ein Star zu sein, jeden Tag, jede Nacht, gekürt von niemand anderem als sich selbst."*

Bettina Flitner – Zwei Projekte, zwei Blickwinkel

Die Kölner Fotografin Bettina Flitner (*1961), die sich in ihren Arbeiten hauptsächlich mit gesellschaftspolitisch relevanten Themen auseinandersetzt, beleuchtete 2013/2014 in zwei getrennt voneinander angelegten Werkzyklen verschiedene Aspekte der Prostitution, wobei die inhaltliche Ausrichtung sowie die jeweilige Programmatik beider Projekte unterschiedlicher nicht hätten sein können.

Für ihre Arbeit „Freier" wählte sie einen völlig neuen Zugang zur Prostitutionsthematik, indem sie den Fokus ihrer Aufnahmen nicht auf die Frauen, sondern auf die Freier legte. Zwar vollzieht der Fotoessay, der im Auftrag des stern-Magazins (Heft 23, Jg. 2013) entstand und später auch in der Zeitschrift EMMA erschien, einen Perspektivwechsel. Die Thematik ist dadurch aber nicht weniger tabuisiert, ganz im Gegenteil. Dass Männer offen und im Bild dokumentiert über ihre Beweggründe Auskunft geben, warum sie zu Prostituierten gehen, erscheint zunächst fragwürdig. Möglich wurden die Aufnahmen durch den Umstand, dass Flitner den damaligen Betreiber eines der europaweit größten Bordelle, dem Stuttgarter Paradise, für ihr Projekt gewinnen konnte. Im Februar 2013 durfte sie zehn Tage im Barbereich des als „Wellness-Oase" inszenierten Betriebs die männliche Kundschaft ansprechen. Neun Männer zwischen 21 und 73 Jahren zeigten sich fotowillig und ließen sich mehr oder weniger bekleidet auf einem Bett sitzend von Flitner porträtieren. Auch die Motivationen für Ihre regelmäßigen Bordellbesuche gaben sie der Fotografin preis. Alle Fotos und Zitate wurden von den Porträtierten autorisiert. Mit ihrem Fotoessay stößt Bettina Flitner in eine tabuisierte Zone vor, ohne jedoch einen vollumfänglichen Einblick zu bekommen. Das zeigt alleine die Tatsache, dass ihr von Seiten der Bordellleitung ein striktes Fotografierverbot für sämtliche Räumlichkeiten außer den jeweiligen Settings für ihre Porträts ausgesprochen wurde. So blieben ihr zwangsläufig jegliche situativen Aufnahmen, die weitere Auskunft über reale Zustände und Arbeitsverhältnisse der dort beschäftigten Frauen gegeben hätten, verwehrt, wie der Umstand, dass die Frauen im Paradise sämtlich nackt, nur mit High Heels und Handtasche „bekleidet" auf Kundschaft warten.

Der „Freier"-Serie diametral gegenüber steht Flitners 2014 entstandene Fotostrecke „Frauen in der Prostitution", von der die Fotografin selber sagt, sie musste diese Arbeit aufgrund der Erfahrungen des vorangegangenen Projektes machen, um auch den Frauen ein Gesicht und eine Stimme zu verleihen. Viele Hundert Kilometer fuhr Bettina Flitner zusammen mit Streetworker*innen der in Plauen ansässigen Organisation Karo e. V., die sich seit ihrer Gründung 1994 gegen Zwangsprostitution, Menschenhandel und sexuelle Ausbeutung von Frauen engagiert, entlang des „längsten Straßenstrich Europas" zwischen Deutschland und Tschechien. Sie fotografierte insgesamt zehn Frauen an den Orten, an denen sie tagtäglich arbeiten: auf der Straße, im Wald, im Gebüsch. Dabei interessierten Flitner vor allem die Träume der Frauen, die so unterschiedlich waren wie ihre Schicksale und Erfahrungen.

Sabine Kress – „Lupinen“

Nicht den Straßenstrich, sondern das Leben der Frauen in den Bordellen der Lupinenstraße, dem Rotlichtviertel ihrer Heimatstadt, beleuchtete die Mannheimer Fotografin Sabine Kress (*1960) in ihrer freien Arbeit „Lupinen“. Mit der Wahl des Titels bezieht sich die Künstlerin nicht auf die gleichnamige Pflanze, vielmehr ist er der semantische Verweis auf das lateinische Wort „Lupa“, die Wölfin – einer im antiken Rom umgangssprachlichen Bezeichnung für Prostituierte, die sich auch in dem Begriff „Lupanar“ für die Bordelle jener Zeit widerspiegelt.

Fast ein Jahr baute Sabine Kress Vertrauen zu den Frauen auf, besuchte sie an ihren Arbeitsstätten, hörte ihnen zu, bis diese einverstanden waren, sich von ihr fotografieren zu lassen und Einblicke in ihre Lebensgeschichten zu geben. Die Grenzen waren von Anfang an klar gesetzt. Die meisten Frauen wollten nicht ihre Gesichter zeigen, sich nicht zu erkennen geben, so wie sie auch in ihrem Alltag ständig damit konfrontiert sind, ihre wahre Identität zu verbergen. Rund vier Jahre lang begleitete Kress die Frauen in der Lupinenstraße. Die in dieser Zeit entstandenen Aufnahmen berichten vom Alltag der Frauen, ihren Lebenssituationen in den Bordellen, dem Warten auf den nächsten Freier, dem Small Talk mit Kolleginnen, aber auch über ihre Verletzlichkeit und ihre Sehnsüchte. In ihrer Bildsprache sind sie grell, laut, aufrüttelnd. Das gleißende, rotgefärbte Neonlicht in den Innenräumen der Etablissements, das für viele Arbeiten der Serie charakteristisch ist, intensiviert das atmosphärisch aufgeladene Spannungsgefüge der Aufnahmen zwischen scheinbarer Erotik und knallhartem Gewerbe, zwischen vordergründigem Glamour und völliger Desillusionierung.

Hyp Yerlikaya – „gesichtslos“ Frauen in der Prostitution

Im Jahr 2019 initiierte die Mannheimer Beratungsstelle Amalie, die seit ihrer Gründung 2013 Frauen in der Prostitution umfassende Hilfe und Beratung anbietet, das Fotoprojekt „gesichtslos – Frauen in der Prostitution“. Mit dem Ziel, die gesellschaftliche Sichtbarmachung und Anregung eines öffentlichen Diskurses über die oftmals prekären Lebens- und Arbeitswelten von Prostituierten in Deutschland zu stärken, wurde ein Konzept entwickelt, das gezielt die Frauen in den Vordergrund stellt. Dabei geht es um jene in der Zwangsprostitution arbeitenden Frauen, die mehrheitlich aus Osteuropa nach Deutschland kommen, getrieben von der Perspektivlosigkeit in ihren Heimatländern und der Hoffnung auf ein besseres Leben im Westen. Es sind Frauen, die anonym und gesichtslos, verborgen hinter offiziellen Statistiken und Dunkelziffern ein Leben in der Grauzone zwischen staatlicher Legalität und gesellschaftlicher Ausgrenzung leben.

In Zusammenarbeit mit der Beratungsstelle Amalie hat der Fotograf Hyp Yerlikaya (*1970), der bereits 2012 mit seinem Fotoprojekt zu Opfern von Säureattentaten in Bangladesch den Blick auf Frauen am Rande jeglicher gesellschaftlichen Wahrnehmung gerichtet hat, insgesamt zehn Frauen, die in der Prostitution arbeiten, mit der Kamera begleitet. Über

Fotografien und Zitate

„Es war gar nicht meine Entscheidung. Ich hatte einen Freund und er hat gesagt, dass er mich liebt, heiraten will und mit mir zusammenleben möchte. Er hat mir erzählt, wir gehen gemeinsam nach Deutschland, wir arbeiten, wir kaufen uns ein Haus oder eine Wohnung und dann können wir ruhig leben."

„Ich habe nicht gewusst, was man als Prostituierte alles machen muss. Ich dachte, man muss vielleicht nur miteinander trinken und reden. Dass man miteinander schlafen muss, habe ich mir nicht so vorgestellt."

„Insgesamt arbeite ich seit fünf Jahren in diesem Job. Überall, in Mannheim, Karlsruhe, Bielefeld. Nicht nur in Deutschland, sondern auch in der Schweiz und in Frankreich. Überall."

Café · Bistrorant · Coffeeshop
Café · Bistrorant · Coffeeshop
ErosCenter
24h open
40 th rooms on 4 floors
Red Light
Bar
KARLSBERG
LAUFHAUS
Laufhaus
ZUTRITT ERST
AB 18 JAHREN!
NO ENTRY FOR
PERSONS UNDER
AGE OF 18!
Plakatieren
verboten!

„In den Laufhäusern kostet die Miete oft 150 Euro, die Steuer 25 Euro pro Tag. Es gibt auch Plätze und Häuser mit einer billigeren Miete."

17 ZIMMER AUF 3 STOCKWERKEN

„Wenn ich warte, fühle ich mich auf der einen Seite glücklich und frei. Auf der anderen Seite mache ich mir Sorgen, wie ich meine Miete bezahlen soll: 150 Euro pro Tag. Es gibt Tage, da will ich einfach nur meine Miete verdienen und dann meine Ruhe haben."

„Ich mache den Job nur für Geld. Ich habe keine Gefühle. Ich schalte meinen Kopf aus. Manchmal gibt es aggressive Leute, denen sagst du zwei- oder dreimal Stop. Dann stehe ich auf und drücke den Alarm."

„Das Schönste ist, wenn sie dir das Geld geben.
Dann weißt du, du siehst sie nie wieder."

20
20
EURO

„Früher bin ich mit meiner Familie in Urlaub gefahren. Wir waren jeden Sommer am Meer. Das sind meine schönsten Erinnerungen."

„Es ist jedes Mal eine große Überwindung, den Geruch und den Körperkontakt zu ertragen. Nach dem Sex muss ich mich immer sofort waschen.“

„Viele sind verliebt in ihren Zuhälter, viele haben auch Angst vor ihm, jede hat andere Gründe. Die Zuhälter haben ihre eigenen Gesetze und Drohungen. Der eine sagt: ‚Ich sage deiner Familie, was du hier machst.' Und der andere sagt: ‚Ich töte deine Familie.' Durch Gewalt und aus Angst bekommen sie alles, was sie wollen. Viele Zuhälter schlagen die Frauen, manche lassen die Frauen ohne Trinken, ohne Essen, ohne Zigaretten zurück. Wenn sie nicht genug Geld bringen, werden sie bestraft."

„Viele arbeiten auf der Straße, damit sie keine Miete zahlen müssen. Aber auf der Straße gibt es niemanden, der dir hilft.“

Ablagern von Müll und Schutt verboten!
ACHTUNG !

„Auf der Straße weißt Du nicht, was passieren wird. Du steigst in ein Auto und du weißt nie, was er mit dir macht. Du hast immer Angst und musst immer aufpassen, ob er an den richtigen Platz oder in die richtige Straße fährt. Vielleicht fährt er auch zu einer Wohnung, in der andere Männer auf dich warten und mit dir machen können, was sie wollen. Es ist sehr schrecklich, auf der Straße zu arbeiten."

„Manche wollen nur einen Blowjob, manche möchten es nur mit der Hand. 15 Minuten kosten 20 Euro, eine halbe Stunde 50 Euro, eine ganze Stunde 100 Euro. Die meisten wollen 15 Minuten für 20 Euro, einen Blowjob und Sex."

„Als Kind wollte ich zuerst Polizistin, dann Anwältin werden. Das habe ich leider nicht geschafft."

„Ja, ich habe Hoffnung. Alles wird gut.
Ich werde einen guten Job finden."

„Terminwohnungen sind gut für die, die es möchten und schlecht für die, die Geld verdienen wollen. 30 Prozent gehen an die Person, die die Wohnung organisiert."

PASSION

„Die meisten Frauen haben keine eigene Wohnung. Sie wohnen dort, wo sie arbeiten. Eine Krankenversicherung hat keine."

„Mein größter Wunsch ist, dass meine beiden Kinder wieder bei mir wohnen können."

„Die schlimmsten Erlebnisse versuche ich zu verdrängen oder zu vergessen."

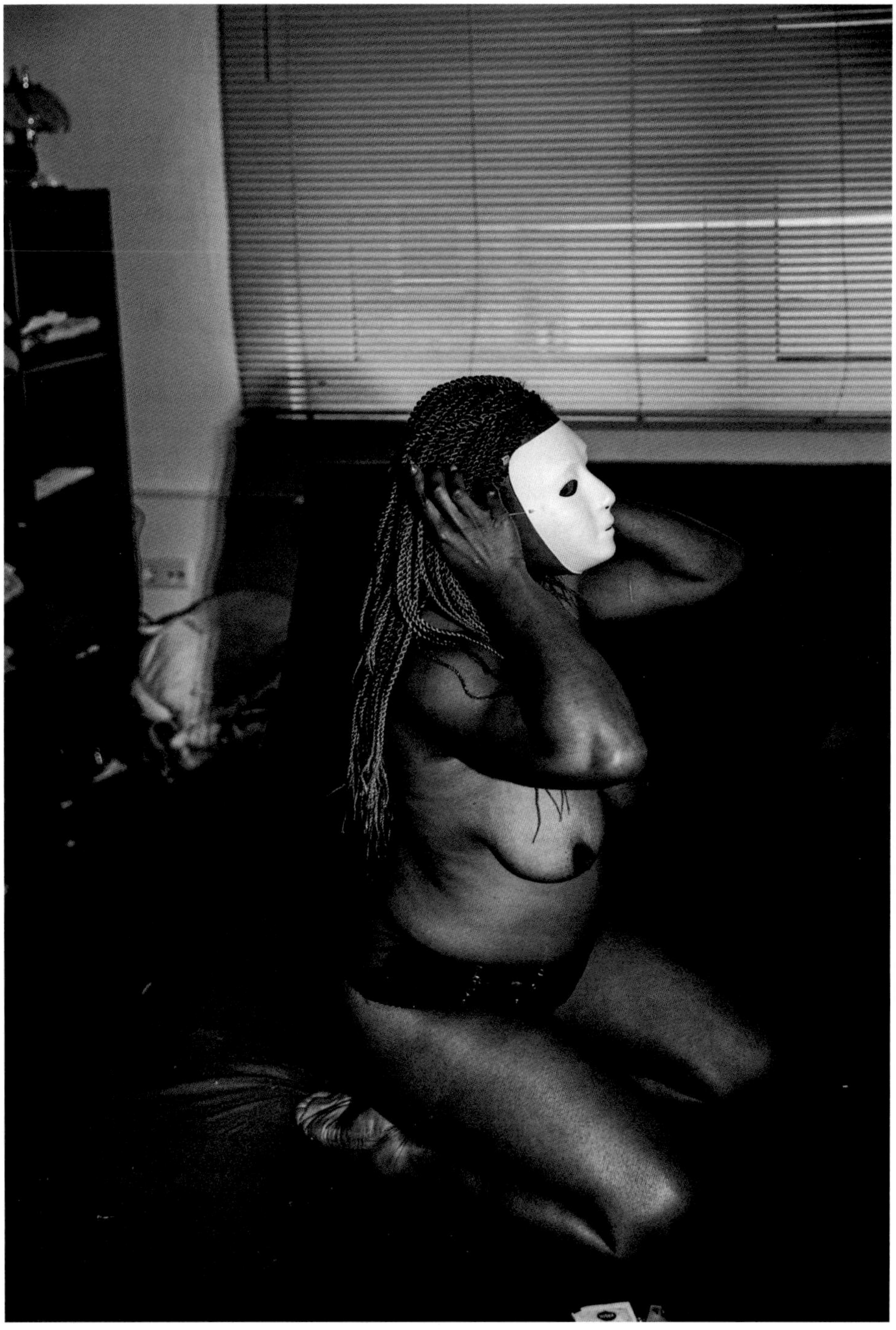

„Wenn der Gast gegangen ist, bin ich mit meinen Nerven am Ende."

„Ich habe mich ganz dreckig gefühlt, ich habe mich vor mir selbst geekelt, ich habe mich gehasst. Bei dem Blick in den Spiegel habe ich gedacht: ‚Was ist das für ein Leben?‘ Mit jedem Mann erlebst Du den gleichen Horror. Und nach jedem Mal schaust du wieder in den Spiegel und denkst: ‚Was mache ich hier?‘ Doch in ein paar Minuten oder Stunden kommt schon der Nächste."

„Freundschaft? Freundschaft gibt es unter uns nicht, alle sehen in dir eine Konkurrentin. Kolleginnen kann ich sagen. Eine richtige Freundschaft habe ich hier nie erlebt."

„Wir sprechen über Männer, was die mit uns machen oder was die mit uns gemacht haben, wer da war, wie sie waren. Wenn einer wieder weg ist, reden wir darüber, was uns genervt hat und was schlecht war. Über dieses Thema reden wir jeden Tag."

„Als Kind wollte ich Sängerin werden. Ich war auch in einer Vokalgruppe. Ich habe zuhause immer gesungen."

„An einsamen Orten muss man immer Angst haben, dass der Freier dich ohne Geld stehen lässt."

„Ich habe in Bordellen gearbeitet, in Hotels und Saunaclubs. Oft auch in Terminwohnungen, manchmal auch einfach nur im Keller.“

„Der Freier bestimmt, was passiert."

„Es gibt sehr verschiedene Wünsche. Manche Männer wollen nur reden. Andere haben Fetische. Einige wollen die Frauen auch einfach nur für Geld demütigen. Und es gibt die, die nur schnellen Sex wollen."

„Wenn ich am Spielautomaten sitze, kann ich abschalten. Dann bin ich in einer anderen Welt und fühle mich glücklich. Ich hoffe immer, dass ich gewinne und 50 Euro rausbekomme. Dann hätte ich mehr, als ich gerade in der Tasche habe."

„Viele der Frauen nehmen Drogen. Entweder um wach zu bleiben oder um alles ertragen zu können. Zuhälter verabreichen dir etwas, damit du besser funktionierst. Und Freier bringen Drogen mit für ihren extra Kick."

PIN : 0000

„Amalie ist ein Schutzraum für uns Frauen, hier fühle ich mich aufgefangen, hier hört man mir zu. Zu den Leuten habe ich Vertrauen, niemand lacht dort über mich."

„Ich kann es nicht gut in Worte fassen. Ich liebe diese Atmosphäre, dieses Willkommensgefühl. Noch immer empfinde ich es wie beim ersten Mal, es ist noch immer wie nach Hause kommen."

„Meine Familie weiß nicht, was ich hier jeden Tag mache. Wenn ich mit ihnen telefoniere, erzähle ich von meinem schönen Leben in Deutschland.“

„Viele Männer möchten Sex ohne Kondom. Viele Frauen stimmen zu, um mehr Geld zu verdienen. Das Problem ist eine Schwangerschaft und dann die Abtreibung. Viele Frauen haben zwei, drei Kinder in ihren Heimatländern. Sie arbeiten extra, um den Kindern Geld schicken zu können. Kommt es dann zu einem nicht gewünschten Kind, wird es abgetrieben. Eigentlich darf man danach 3–4 Wochen keinen Sex haben. Die meisten Frauen gehen trotzdem direkt wieder arbeiten."

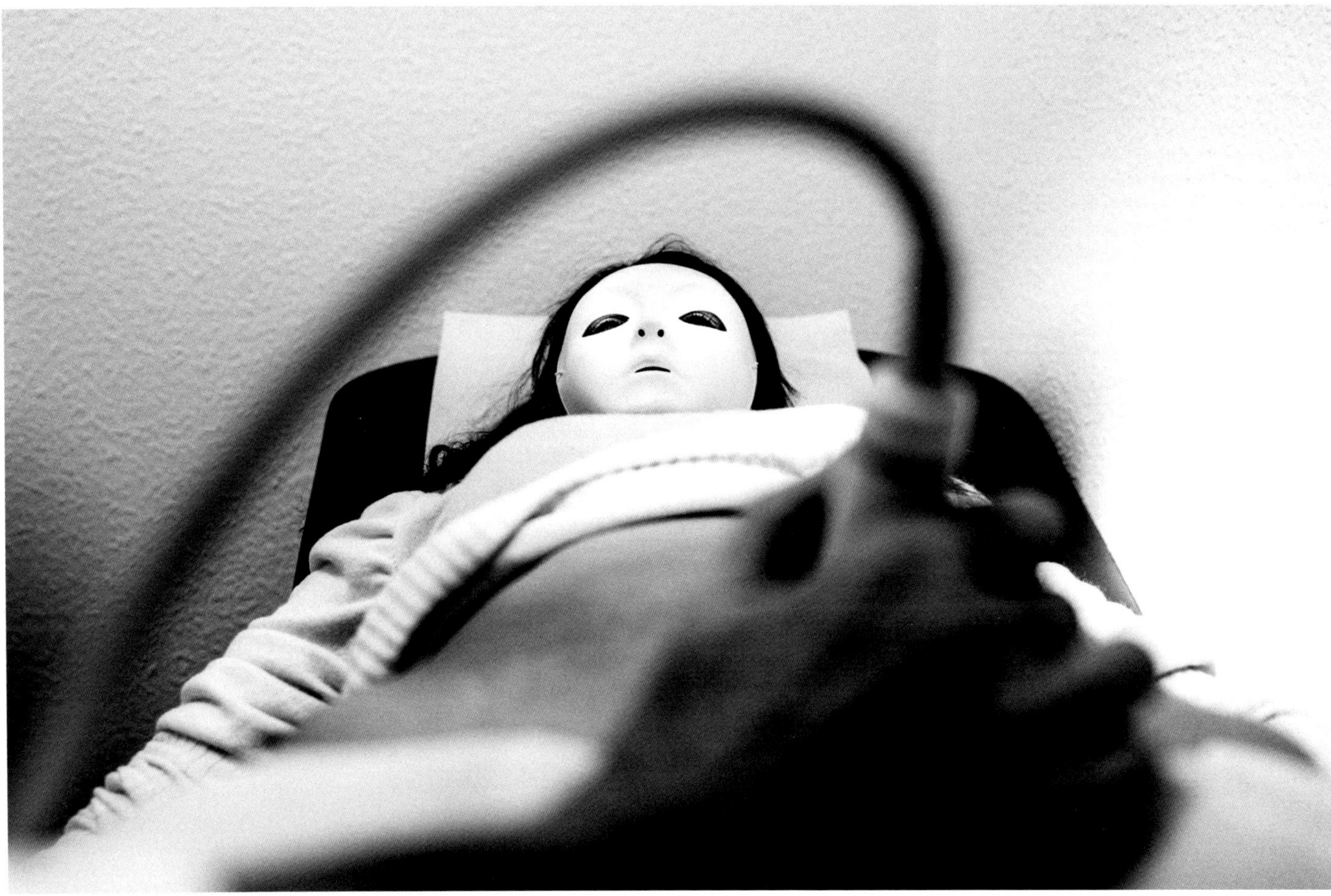

„Prostitution klebt an dir, du kannst es nicht abwaschen, die Erinnerungen daran bleiben ein Leben lang."

„Hoffnung ist mein tagtägliches Leben. Man hofft jeden Tag, dass das Leben besser wird, dass man eine normale Zukunft hat."

„Am Anfang wollte ich Altenpflegerin werden, da meine Oma sehr krank war und ich ihr gerne geholfen hätte. Später wollte ich Polizistin werden. Weil ich missbraucht wurde, dachte ich, ich könnte andere Kinder aus dieser Position heraus retten."

„Jeder muss an irgendetwas glauben, in der Not und in schwierigen Zeiten. Jeder hält sich an irgendetwas fest."

„Am wichtigsten ist mir, dass mein Kind ein besseres Leben haben wird. Mein Kind soll nie etwas mit Prostitution zu tun haben."

„Für einige Frauen kann ein Putzjob der Ausstieg sein. Für den Job braucht man keine Ausbildung und man muss auch nicht gut Deutsch sprechen können."

Julia Wege

Making-of der Fotoausstellung „gesichtslos“

Seit Gründung der Beratungsstelle Amalie im Jahr 2013 haben wir uns Gedanken gemacht, wie wir das Thema Prostitution der Gesellschaft zugänglich machen können. Wie gelingt es, die Missstände, Hintergründe, Gewaltstrukturen sowie gesetzlichen Rahmenbedingungen sichtbar zu machen und aufzuzeigen? Wie kommt es, dass die Gesellschaft derartige Themen ausblendet und die in der Prostitution üblichen patriarchalen Geschlechterverhältnisse einfach so akzeptiert? In welcher Gesellschaft leben wir, dass wir in manchen Tätigkeitsfeldern strenge Regelungen und Arbeitsrechte einfordern und Gleichstellung propagieren, während die Gesetzgebung bezüglich der Prostitution derart liberal gestaltet ist, dass Menschenrechte mit Füßen getreten werden?

Es war uns stets ein wichtiges Anliegen, neben der Beratungstätigkeit und Weiterentwicklung des Konzeptes von Amalie ein bis zwei Mal im Jahr durch künstlerisch-ästhetische Aktionen das Thema Prostitution in die Gesellschaft zu tragen. So veranstalteten wir beispielsweise mit Hamburger Schauspieler*innen eine szenische Lesung in der Ausnüchterungszelle des Polizeireviers Mannheim Neckarstadt, ein Benefizkonzert mit dem Pianisten Martin Herzberg im Capitol und gestalteten ein Pop-up Schaufenster mit einem nachgestellten Bordellzimmer im Haus der Evangelischen Kirche. Darüber hinaus beteiligten wir uns mit Aktionen wie beim Neujahrsempfang des Oberbürgermeisters der Stadt Mannheim, mit dem Handtaschenverkauf am Weltfrauentag in Kooperation mit dem Deutschen Frauenring e. V. Ortsring Mannheim oder mit der Suppenküche beim Stadtteilfest „Lichtmeile". Im Laufe der Jahre konnten wir feststellen, dass sich zunehmend mehr Ehrenamtliche bei derartigen Aktionen beteiligten, dass das Verständnis über die schwierige Lebenssituation der Frauen und die Akzeptanz in der Gesellschaft wuchsen und teilweise ein Umdenken sichtbar wurde. Wir wurden von Institutionen, Serviceclubs, Hochschulen und politischen Parteien zu vielzähligen Vorträgen eingeladen und in der Region wuchs das Interesse, mehr über das Thema Prostitution und seine Schattenseiten zu erfahren.

Während wir also feststellen konnten, dass das Interesse am Thema groß war, konnte jedoch ein Vortrag, ein Gespräch oder TV-Beitrag nicht ausreichen, um das Thema Rotlichtmilieu entsprechend vorzustellen und die vielschichtigen Hintergründe zu erläutern. Uns haben insbesondere Schulen aus der gesamten Region mit der Anfrage kontaktiert, Vorträge in Bezug auf Prävention für ihre Schüler*innen zu halten. Da wir dieser hohen Nachfrage nicht gerecht werden konnten, entstand in einer kleinen Ehrenamtsrunde mit Hanne Kerker die Idee zu dieser Fotoausstellung. Wir wollten damit über einen längeren Zeitraum der Gesellschaft die Möglichkeit geben, sich mit der Thematik auseinanderzusetzen. Das Thema betrifft nicht nur Frauen, sondern ebenso Männer und in besonderem Maße auch Heranwachsende. Aus diesem Grund stand für uns von Anfang an fest, diese Fotoausstellung so zu konzipieren, dass Lehrer*innen mit ihren Schulklassen die Fotoausstellung besuchen können, die Ausstellung aber für andere Altersklassen gleichermaßen interessant gestaltet ist.

Frauen, die in der Prostitution tätig sind, leiden unter der öffentlichen Ausgrenzung und Stigmatisierung. Viele sind gezwungen, ihre Tätigkeit zu verheimlichen und führen in gewisser Weise ein Doppelleben. Dies zeigt sich unter anderem darin, dass sich fast alle Frauen für ihre Tätigkeit einen fremden Namen zulegen, um ihre Anonymität zu wahren. Die Lebenswelt und die tatsächlichen Namen der Frauen bleiben für die Freier wie auch für die Gesellschaft unbekannt. Diese Lebenswelt ist oftmals mit Stress, Diskriminierung, massiven gesundheitlichen Problemen und Ängsten vor der Zukunft verbunden. Eine Teilhabe am gesellschaftlichen Leben ist unter diesen Bedingungen nur mit Einschränkungen oder gar nicht möglich.

Das Ziel der Fotoausstellung ist es, diesen „gesichtslosen" Frauen mit künstlerischen Mitteln eine Plattform, einen Raum zu erschaffen, der ihren Alltag, ihre Hoffnungen und ihre Träume widerspiegelt. Zu Beginn des Projektes war geplant, ausschließlich Porträtfotos zu erstellen und diese mit biografischen Erzählungen von Seiten der Frauen zu ergänzen. Schnell wurde deutlich, dass eine andere Herangehensweise notwendig ist, um die Anonymität der Frauen zu wahren. Alle Frauen, die sich an der Fotoausstellung beteiligten, waren entweder noch in der Prostitution tätig oder bereits teilweise ausgestiegen. Die Begeisterung und ihr Engagement für das Projekt waren von Beginn an bei ihnen zu spüren. Über einen Zeitraum von zwei Jahren hat sich das Projekt dann dahin entwickelt, dass es keine Fotoausstellung über Frauen in der Prostitution ist, sondern ein gemeinsames, partizipatives und sich langsam entwickelndes Gemeinschaftsprojekt. Die Fotoausstellung sollte weder nur von Betroffenheit noch von Voyeurismus geprägt sein, sondern vielmehr einen „anderen" Blick auf die Lebensrealität der Frauen ermöglichen, den diese selbst mitbestimmt haben. Die Ausstellung umfasste somit für die Frauen auch die Möglichkeit, sich selbst als aktiv Handelnde verstehen und erleben zu können. Dieser partizipative Ansatz ermöglichte den Frauen, ihre eigene Lebensgeschichte zu reflektieren, Gefühle zu äußern und das Erlebte zeigen zu können. In diesem Prozess war es immer wieder wichtig auszuloten, welche bildlichen Motive besonders geeignet sind, um die Gefühle der Frauen künstlerisch darzustellen. Wo sind die Grenzen der Frauen? Wo sind unsere Grenzen des Möglichen? Wie lassen sich die Facetten der sexualisierten Gewalt darstellen, welche die Frauen teilweise täglich erleben? Was können wir den Betrachter*innen tatsächlich auch zumuten?

In einem ersten Schritt wurden fünf Frauen gebeten, sowohl von ihrer Arbeit in der Prostitution als auch von ihrem alltäglichen Leben zu berichten. In diesen ersten aufgezeichneten Interviews wurde deutlich, wie sehr sich die Frauen ein Leben nach der Prostitution bzw. ohne Prostitution wünschen – ein Leben mit Kindern und Familie, eine neue Tätigkeit und eine Lebensperspektive frei von Gewalt, Sorgen, Scham und Belastungen. Die damit verbundenen Träume und Visionen in Bezug auf ein anderes Leben war die Anregung, dieses Fotoprojekt gemeinsam mit den Frauen auf künstlerische Weise weiter zu spannen und auszuweiten. Von zentraler Bedeutung war diesbezüglich, dass der Fotograf der Fotoausstellung, Hyp Yerlikaya, an der Durchführung der Interviews maßgeblich beteiligt war und diese in Form von Film- und Tonaufnahme dokumentiert hat. Teilweise wurden die Interviews mit Sprachmittlerinnen in der Muttersprache geführt. In diesem Prozess der Annäherung an das Thema war ein besonderes Einfühlungsvermögen notwendig, um den Frauen mit sowohl respektvoller Distanz als auch mit großer Empathie begegnen zu können. Aufgrund von Hyp Yerlikayas Erfahrung mit Frauen, die Opfer von Säureattacken in Bangladesch wurden, brachte er eine tief empathische künstlerische Perspektive mit ein, die es ihm erlaubte, schwierige Lebenssituationen sowohl realistisch wie auch doppeldeutig in den Fotos zeigen zu können. Der unvoreingenommene Blick auf die Lebenswelt der Frauen in der Prostitution sollte somit auch die damit verbundenen Wahrnehmungen, Träume und Verfremdungen eines verschlossenen Milieus umfassen, welches gerade das „wirkliche" Leben hinter der Fassade darstellt. Über diesen Weg sollte die Sichtbarkeit der Frauen mit ihren unterschiedlichen Erfahrungen und Biographien deutlich werden. In diesem Sinne ist „Maria" keine Prostituierte, sondern eine Frau mit Gefühlen, Ängsten, Sorgen und Träumen.

Es gab eine ständige Projektgruppe zur Umsetzung der Fotoausstellung mit dem Fotografen Hyp Yerlikaya, der Kuratorin Stephanie Herrmann von den Reiss-Engelhorn-Museen, den ehrenamtlichen Mitarbeiter*innen Hanne Kerker und Prof. Dr. Martin Albert sowie Julia Wege als Leitung der Beratungsstelle Amalie. Für die Finanzierung der Fotoausstellung und des Fotoausstellungskataloges war eine aufwendige Spendenaktion notwendig. Hierfür wurde ein eigenes Fundraisingkonzept entwickelt, um für das Vorhaben Spendenmittel einzuwerben. Das öffentliche Interesse an der Fotoausstellung war bereits im Vorfeld sehr groß und die tatsächliche Umsetzung konnte nur durch das hohe Engagement vieler Personen und Unterstützer*innen ermöglicht werden. Das Diakonische Werk als Träger der Beratungsstelle unterstützte die Fotoausstellung auf vielfältige Art und Weise sowohl in inhaltlicher wie auch finanzieller Hinsicht. Für den kirchlichen Wohlfahrtsverband stellt das Eintreten für die Rechte von Frauen eine besondere Verantwortung dar und zeigte sich in unterschiedlichen Formen der Hilfestellung für dieses Projekt.

Es gab unter allen Teilnehmer*innen der Projektgruppe einen Konsens, die Gesichter der Frauen nicht zu zeigen. Dies entsprach auch dem Wunsch der Frauen. Die sozialen Auswirkungen, sich als Frau in der Prostitution zu bekennen, sind weiterhin mit Stigmatisierung und vielfachen Belastungen verbunden. Um die Anonymität der Frauen vollständig zu wahren, wurden deshalb die Gesichter nicht aus einer direkten Perspektive aufgenommen. Da die Fotos aber dennoch eine Geschichte aus der Sicht der Frauen erzählen und ihnen über diesen künstlerischen Weg wieder ein ganz eigenes Gesicht gegeben werden sollte, entstand in diesem Prozess die Idee, die Gesichter mit Masken zu verdecken. Den Frauen gefiel diese Art der Verfremdung, zumal sie oft selbst in einer gespielten Rolle in der Prostitution tätig sind. Die Verdeckung mit Masken ermöglichte es ihnen, sich frei bewegen und zeigen zu können und dennoch für die Öffentlichkeit unerkannt zu bleiben. Dieser Ansatz wird auch im Titel der Fotoausstellung „gesichtslos" deutlich.

Die Frauen waren immer an der Mitgestaltung des Settings der Fotos beteiligt und gaben fortlaufend Hinweise in Bezug auf Kleidung, Körperhaltung wie auch für alltägliche Situationen, die in den Fotos wiedergegeben werden. Wir versuchten gemeinsam mit den Frauen Orte zu finden, die ihre Lebenswelt und ihre Gefühlslagen zeigen. Orte der Ruhe etwa, Orte geprägt von dem Wunsch nach Zugehörigkeit und Austausch. Orte ihrer Tätigkeit in der Prostitution und ihres privaten Umfeldes. Die Räume, in denen sich die Frauen bewegen und die für die Fotoaufnahmen aufgesucht wurden, sind somit die tatsächlichen Orte in ihrem Lebensalltag. Es sind sowohl Bordelle, der Straßenstrich, Terminwohnungen wie auch die Räume in der Beratungsstelle Amalie, in einer Kirche, vor der Schule der Kinder oder im Garten.

Aufgrund der intensiven und lebensweltnahen Beratungstätigkeit der Mitarbeiter*innen von Amalie waren bei einigen Frauen die sozialräumlichen Bezüge bekannt. Die meisten der Frauen, die sich an der Fotoausstellung beteiligt haben, sind noch in der Prostitution tätig. Einige davon sind bereits ausgestiegen oder befinden sich in einem Ausstiegsprozess, der von Amalie begleitet wird. Manche Frauen, die sich für ein Interview und für die Fotos zur Verfügung gestellt haben, leben alleine und isoliert, andere leben in Partnerschaft und haben Kinder. Insgesamt haben sich zehn Frauen für längere Interviews zur Verfügung gestellt, die aufgezeichnet und transkribiert wurden. Die Frauen konnten offen und frei erzählen, sprich: Es gab keinen vorgegebenen Leitfaden vorher ausgewählter Fragen. Alle Frauen waren dankbar dafür und bewerteten es als positiv, dass sie einfach von ihrem Lebensalltag berichten konnten.

Von den insgesamt 1.800 Fotos wurden letztendlich etwa 40 Bilder für die Fotoausstellung ausgewählt. Aus den transkribierten Interviews wurden Zitate ausgewählt, die den Fotos der Fotoausstellung inhaltlich zugeordnet wurden. Die Frauen, die jeweils auf den Fotos zu sehen sind, sind somit nicht immer identisch mit den Frauen der Interviewzitate. Die authentischen Interviewzitate wurden von der Projektgruppe den Bildern zugeordnet. Dies war das Ergebnis eines gegenseitigen Austausches, um der Fotoausstellung eine Struktur zu geben, welche viele Perspektiven miteinbezieht und die unterschiedlichen Themenfelder ganzheitlich betrachtet.

Es ist uns wichtig zu betonen, dass die Fotoausstellung nicht den Anspruch erhebt, eine Realität über verborgene Lebenswelten zu vermitteln, welche es aufgrund jeweils subjektiver Sichtweisen und Erfahrungen niemals geben kann. Das, was wir sehen und uns vorstellen, ist im Kontext der Fotoausstellung immer eine Perspektive von außen und kann in diesem Sinne auch immer nur zu einer Wahrnehmung und Betrachtung vieler führen. Prostitution in all ihren Facetten zu erfassen, ist unmöglich. Schon aus diesen Gründen war die fortlaufende Einbeziehung der Frauen in die Gestaltung der Fotos, Orte und Inhalte der Fotoausstellung von zentraler Bedeutung. Die Fotoausstellung soll zum Nachdenken anregen. Sie soll Betroffenheit auslösen, aber auch dazu führen, dass wir mehr Respekt und Wertschätzung diesen Frauen entgegenbringen, die immer noch am Rande der Gesellschaft „gesichtslos" leben müssen. In diesem Sinne ist es letztlich eine Fotoausstellung für die Frauen und für ihr unantastbares Recht auf Würde.

Saskia Sauter

Lebenssituation von Frauen in der Prostitution

Jessi macht sich fertig für ihren Arbeitstag. Schritt für Schritt schlüpft sie in ihre Rolle, legt Make-up auf, streift die Jogginghose ab, zieht hohe Pumps an und steigt auf einen Barhocker. In den kommenden zehn Stunden wird Jessi hinter einem Fenster sitzen, potenzielle Freier anlächeln und verhandeln, welche Dienstleistungen sie zu welchem Preis anbieten kann. Am kommenden Morgen wird sie das Make-up wieder abwaschen. Ebenso das Gefühl der zwölf Freier auf ihrem Körper und den Tag verschlafen, bis sie wieder aufstehen wird und erneut in ihre Rolle schlüpft. Jessi ist eine von vielen Frauen, die in der Prostitution sind.

Dieser kurze Einblick in das Rotlichtmilieu stellt nur einen kleinen Ausschnitt einer möglichen Lebensrealität im Sexgewerbe dar. Tiefergehende Einblicke sind jenen vorbehalten, die Teil des Systems sind und ein Interesse daran haben, welche Einblicke nach außen getragen werden. Personen, die sexuelle Dienstleistungen anbieten, sind einem hohen Maß an gesellschaftlicher Stigmatisierung und Diskriminierung ausgesetzt (vgl. Wege 2015: 77). Sie verschweigen ihre Tätigkeit aus Angst vor gesellschaftlicher Ausgrenzung. Männer, die sich als Freier den Zugang zum Rotlichtmilieu erkaufen, haben andere Interessen daran, wie Prostitution gesellschaftlich betrachtet wird. Für ihre Rolle ist es relevant, von selbstbestimmten Sexarbeiter*innen auszugehen, um sich die eigene Beteiligung an einem möglicherweise ausbeuterischen System nicht eingestehen zu müssen. Alle weiteren Beteiligten wie Betreiber*innen, Securityfirmen, Wäsche- und Reinigungspersonal verdienen an der „Ware Sex" und sind somit auch ökonomisch abhängig davon, welche Einblicke und Fakten in die Öffentlichkeit getragen werden.

Handlungsfeld Prostitution – Zahlen und Hintergründe

Prostitution ist ein gesellschaftliches Thema, welches besonders stark polarisiert. Debatten werden hitzig geführt und können durch religiöse Ansichten, feministische Grundhaltungen oder persönliche Prägungen beeinflusst sein. Diskussionen über den Umgang mit Prostitution sind bedeutsam, denn nur durch den gemeinsamen Austausch können neue Wege gegangen werden. Wer die Arbeit in der Prostitution als „ältestes Gewerbe der Welt" bezeichnet und damit eine allumfassende Daseinsberechtigung ausweisen möchte, sollte einen Blick auf die Auseinandersetzung anderer europäischer Länder werfen.

In Deutschland fand die Tätigkeit der Prostitution im Jahr 2002 ihren Weg aus der Sittenwidrigkeit. Die damalige Bundesregierung setzte die Ausübung der Prostitution in einen legalen Rahmen und ermöglichte den dort tätigen Menschen nicht nur, ihren Lohn einzuklagen, sondern schuf mit der Anerkennung als Beruf auch einen Zugang zum Sozialversicherungssystem. Eine Evaluierung des Gesetzes im Jahr 2007, durchgeführt durch das Bundesministerium für Familie, Senioren, Frauen und Jugend, ergab jedoch, dass es weitere rechtliche Schritte benötige, um die Situation von Menschen in der Prostitution zu verbessern. Um dies zu gewährleisten, trat am 1. Juli 2017 das Prostituiertenschutzgesetz in Kraft.

Hauptaspekt des Prostituiertenschutzgesetztes (kurz: ProstSchG) ist die Regelung für die Ausübung der Prostitution und für das Prostitutionsgewerbe selbst. Für die Ausübung der Prostitution ist es nunmehr erforderlich, sich für die Tätigkeit anzumelden. Durch die Anmeldepflicht war es erstmals möglich, statistische Daten hinsichtlich der in der Prostitution tätigen Personen zu erfassen. Gemäß dem Zwischenbericht zum Prostituiertenschutzgesetz, veröffentlicht am 1. Mai 2020 vom Bundesministerium für Familien, Senioren, Frauen und Jugend, waren Ende 2017 insgesamt 6.959 Personen in Deutschland als Prostituierte angemeldet. Ein Jahr später, 2018, wuchs die Anzahl gemeldeter Personen auf 32.799 an. Dieser massive Anstieg hängt auch mit den örtlichen Voraussetzungen zusammen, da die notwendigen Strukturen zur Anmeldung in Städten und Kommunen erst aufgebaut werden mussten (vgl. BMFSFJ 2020: 18ff.). 2019 waren bereits rund 40.400 Personen in der Prostitution gemeldet, während die Zahl aufgrund der Coronapandemie Ende 2020 wieder auf rund 24.900 angemeldete Personen sank (vgl. Statistisches Bundesamt 2021).

Schätzungen zufolge ist die tatsächliche Anzahl an Personen, welche sexuelle Dienstleistungen anbieten, weitaus höher. Häufig genannte Zahlen bewegen sich in einem Rahmen von 64.000 bis 200.000 Personen, die sexuellen Dienstleistungen anbieten (vgl. Kavemann und Steffan 2013: 1).

Der Weg ins Rotlicht – Faktoren für den Einstieg

Ungeachtet der Diversität der Menschen, die sexuelle Dienstleistungen anbieten, lassen sich Faktoren herausarbeiten, welche einen Einstieg in die Prostitution begünstigen können. Ein hoher ökonomischer Druck erhöht die Wahrscheinlichkeit, in der Prostitution tätig zu werden (vgl. Girtler 2013: 27ff.). Als eine der wenigen Berufsgruppen vermittelt die Tätigkeit in der Prostitution, diese relativ selbstbestimmt durchführen zu können und wirtschaftlich unabhängig zu werden. Dabei ist zu unterscheiden, ob die Entscheidung für die Arbeit aus freien Stücken oder aufgrund mangelnder Alternativen und einem ökonomischen Druck gefallen ist.

Eine Frau mit Bildungshintergrund, welche sich gut verständigen kann und über ihre Rechte und Möglichkeiten in Deutschland aufgeklärt ist, hat die notwendigen Voraussetzungen, um die Tätigkeit in der Prostitution nur als eine der Möglichkeiten des Gelderwerbes zu betrachten und kann eventuell auch auf bestehende Alternativen zurückgreifen. Anders verhält es sich bei jungen Frauen mit Migrationshintergrund, welche sich sprachlich kaum verständigen können und aufgrund fehlender Bildung keinen Zugang zum regulären Arbeitsmarkt haben. Mangelnde Perspektiven und eine hohe wirtschaftliche Not drängen diese Frauen dazu, Geld durch Prostitution zu verdienen, um sich und ihre Familien im Herkunftsland finanziell abzusichern.

Eine liberale Einstellung innerhalb der Gesellschaft zum Thema Prostitution kann einen Einstieg aus moralischer Sicht deutlich vereinfachen. Durch die gesetzliche Verankerung der Tätigkeit werden Ängste und Befürchtungen reduziert und die Prostitution als normale Tätigkeit propagiert. Vollkommen legal kann nach zwei behördlichen Gesprächen (§10 ProstSchG gesundheitliche Beratung und §7 ProstSchG Informations- und Beratungsgespräch) und der Vorlage eines Personalausweises mit der Arbeit begonnen werden. In fast keinem anderen Bereich ist die Arbeitsaufnahme ohne Vorkenntnisse derart niederschwellig.

Diesen leichten Zugang ins Milieu machen sich sogenannte Loverboys zunutze. Deren perfide Methode ist darauf ausgelegt, eine emotionale Abhängigkeit einer Frau zu kreieren, um daraus einen finanziellen Vorteil zu erzielen. Jungen Frauen wird eine Liebesbeziehung vorgespielt, welche durch gleichzeitige soziale Isolation eine emotionale Abhängigkeit schafft. Für die Frau entsteht der Eindruck, den Partner als einzige Bezugsperson zu haben, wodurch der Druck steigt, die Beziehung aufrechtzuerhalten. Dies macht der Täter sich zunutze. Er signalisiert, dass eine gemeinsame Zukunft nur möglich ist, wenn die Frau bereit ist, zur finanziellen Absicherung durch eine Tätigkeit im Rotlichtmilieu beizutragen. Der Einstieg in die Prostitution wird als Liebesbeweis ausgegeben. Die erwirtschafteten Gelder sind umgehend an den vermeindlichen Partner auszubezahlen, welcher das Ziel verfolgt, möglichst lange durch die Tätigkeit der Frau zu profitieren. Durch emotionalen Druck oder durch offene Erpressung wird die Frau in der Prostitution gehalten und gedrängt, möglichst viele Freier zu bedienen. Frauen berichten, dass ihnen damit gedroht werde, Bilder aus dem Bordell an Familie und Bekannte im Herkunftsland zu schicken. Im Jahr 2019 wurden 19 Prozent der statistisch erfassten Opfer von Menschenhandel zum Zwecke der sexuellen Ausbeutung über die Loverboy-Methode zur Prostitution gebracht (vgl. Bundeskriminalamt 2019: 13), wobei die Dunkelziffer weitaus höher sein dürfte.

Auch aus psychologischer Sicht spielt das soziale Umfeld der Frauen eine wichtige Rolle in der späteren Berufswahl. In einer repräsentativen Untersuchung des Bundesministeriums für Familie, Senioren, Frauen und Jugend, wurde ein Zusammenhang zwischen sexuellen Missbrauchserfahrungen in der Kindheit (43 Prozent) und dem späteren Einstieg in die Prostitution festgestellt (vgl. BMFSFJ 2004: 26f). Campagna (2005) bietet hierfür zwei Erklärungsmodelle. In beiden spielt der erlebte Kontrollverlust bezüglich der eigenen Sexualität durch einen Missbrauch eine entscheidende Rolle. Durch die massive Grenzüberschreitung internalisieren Betroffene das Gefühl, kein Anrecht auf eigene Grenzen zu besitzen. Dritte können diese auf eigenes Verlangen missachten und überschreiten. Die Bereitstellung des eigenen Körpers in der Prostitution zum Zwecke der Ausübung bestimmter Sexualpraktiken wird als Normalität empfunden und das Gefühl der wiederholten Grenzüberschreitung ausgeblendet bzw. sich damit identifiziert.

Im Kontrast hierzu steht das Selbstbild einer Person, welche sich bewusst dazu entscheidet, in der Prostitution tätig zu sein, um die durch den Missbrauch verlorene Kontrolle über die eigene Sexualität zurückzugewinnen. Durch die selbstbestimmte Definition davon, wem welcher Zugriff auf den Körper durch welche Entgeltleistung erlaubt ist, wird ein Stück Kontrolle zurückerobert. Diese Herangehensweise ist jedoch nur vorstellbar, wenn der ökonomische Druck besonders gering ist (vgl. Campagna 2005: 240f.).

Ein weiterer begünstigender Faktor für einen Einstieg in die Prostitution kann die Notwendigkeit sein, eine bestehende Drogensucht zu finanzieren. Hier steht nicht der ökonomische Anreiz im Vordergrund, sondern die Versorgung mit den nötigen Suchtmitteln. Die sogenannte Beschaffungsprostitution spielt vor allem im Bereich des Straßenstrichs eine Rolle.

Die Frauen hinter der „Maske" – Wer arbeitet in der Prostitution?

Unter den in Deutschland angemeldeten Personen besitzt lediglich ein Fünftel die deutsche Staatsbürgerschaft. Ein weitaus größerer Anteil (80 Prozent) stammt aus dem Ausland. Überwiegend aus den Ländern Rumänien (35 Prozent) und Bulgarien (11 Prozent) (vgl. Statistisches Bundesamt 2021). Beide Länder zählen zu den Ärmsten der Europäischen Union.

Nur 2 Euro Mindestlohn erhält man in Bulgarien. Damit lässt sich ein monatliches Gehalt von circa 320 Euro erwirtschaften. Durch niedrige Rentenzahlungen (durchschnittlich 170 Euro), geringes Kindergeld (15 bis 25 Euro monatlich pro Kind) und fehlenden Sozialleistungen wächst der Druck auf die jüngere Generation, die Familie finanziell mitzuversorgen. Auch in Rumänien hat die Bevölkerung mit Armut zu kämpfen. Lebensmittelpreise und wichtige Konsumgüter sind in Relation zu den geringeren Einnahmen nicht proportional günstiger als in Deutschland und so zieht es viele Menschen in verheißungsvollere Länder wie z. B. Deutschland, um der Armut im Herkunftsland zu entfliehen.

Die Arbeit in der Prostitution kann in dieser Situation besonders reizvoll sein. Über Freund*innen oder Bekannte erfahren die Frauen von den unvorstellbaren Möglichkeiten in Deutschland. Ihnen eröffnet sich durch die Prostitution scheinbar die Chance, die gesamte Familie versorgen und sich selbst eine sichere Zukunft aufbauen zu können. Ist der Entschluss gefallen, fehlt vielen die Möglichkeit, sich über die rechtlichen Rahmenbedingungen der Arbeit zu informieren oder eine potenzielle Arbeitsstätte ausfindig zu machen. Sie sind gezwungen, sich auf Mittelsmänner zu verlassen, welche sie nach Deutschland bringen und direkt der Prostitution zuführen.

Einmal in einem deutschen Bordell angekommen, möglicherweise ohne Sprach- und Schreibkenntnisse, Geld oder Kommunikationsmöglichkeit in die Heimat, sind sie auf die

Hilfe der Vermittler angewiesen. Vielen wird ihre tatsächliche Situation erst bewusst, wenn sie in Deutschland sind und sich einer Realität gegenübersehen, welche von dem Traum einer leichten Arbeit und schnellem Geld weit entfernt ist (vgl. Paulus 2020: 67ff.). Zu diesem Zeitpunkt bleibt ihnen kaum eine Wahl, ihre Entscheidung zu revidieren, da durch die Vermittlung Kosten entstanden sind, die beglichen werden müssen. Der psychische Druck auf die Frauen steigt ebenso wie die Abhängigkeit von Vermittler*innen, Betreiber*innen oder Loverboys. Zusätzlich belastet der hohe Konkurrenzdruck unter den Frauen in der Prostitution die Entstehung neuer Freundschaften und verhindert, dass sich die Frauen als Kolleginnen untereinander solidarisieren.

Formen der Prostitution – Vom Bordell bis zur Straßenprostitution

Die Beweggründe für einen Einstieg in den Bereich Prostitution bestimmen im Wesentlichen auch den Ausübungsort der Tätigkeit. Eine Person, die aufgrund ihrer schweren Drogenproblematik versucht, Geld durch Prostitution zu erwirtschaften, wird eventuell eher im Bereich der Straßenprostitution tätig sein als eine junge Studentin, welche sich einen höheren Lebensstandard finanzieren möchte.

Wo Prostitution ausgeübt werden darf, regeln die kommunalen Sperrbezirksverordnungen. Prostitution darf nur außerhalb eines Sperrbezirks stattfinden. So ist beispielsweise die sogenannte Lupinenstraße in Mannheim eine Bordell- und Laufhausmeile direkt im Mannheimer Sperrbezirk. Hinzu kommt, dass nicht jede Form der Prostitutionsausübung einsehbar und von städtischen Behörden nachzuverfolgen ist.

Besonders sichtbar ist die Tätigkeit auf dem Straßenstrich. Innerhalb der Gesellschaft und des Gewerbes erhält die Arbeit auf dem Straßenstrich die geringste soziale Anerkennung. Wer auf dem Straßenstrich arbeitet, muss weder Sprachkenntnisse vorweisen noch laufende Kosten für Miete oder Werbung bezahlen. Daher ist diese Form der Ausübung vor allem im Bereich der Beschaffungs- und Armutsprostitution üblich. Dort tätige Personen haben kaum Schutz vor gewalttätigen Übergriffen und selten Zugang zu sauberen Toiletten oder Duschen. Sie sind einem hohen gesundheitlichen Risiko ausgesetzt und müssen Dienstleistungen zu niedrigen Preisen anbieten. Die öffentliche Zurschaustellung birgt auch ein hohes Risiko, von Bekannten erkannt und verurteilt zu werden. Auch die Prostitution in Wohnwagen, sogenannten Lovemobils, ist für die Öffentlichkeit leicht sichtbar. Die Wohnwagen bieten einen höheren Komfort gegenüber der Tätigkeit auf dem Straßenstrich. Durch die Miete entstehen jedoch auch Kosten und der Schutz gegenüber gewalttätigen Freiern ist, wie auf der Straße, sehr eingeschränkt (vgl. Czarnecki et al. 2014: 4ff.). Einen deutlich höheren Schutz bieten Laufhäuser und Bordelle. Die Frauen mieten sich in diesen Häusern ein Zimmer an und können die Infrastruktur des Hauses nutzen. Die einzelnen Zimmer verfügen über einen Notknopf, über welchen man im Notfall Hilfe rufen kann.

Für den Betrieb ist ein Betriebskonzept notwendig, in dem Sicherheits- und Hygienevorgaben geregelt werden. Ein großer Nachteil für die Frauen sind jedoch die sehr hohen Kosten für die Zimmermiete. Diese kann von 70 bis 150 Euro pro Tag variieren. Selbst an Tagen, an welchen nicht gearbeitet wird, können Kosten für die Zimmermiete anfallen. Der damit verbundene Druck, eine Vielzahl an Freiern zu bedienen, ist hoch. Auch die Arbeitszeiteinteilung ist nicht flexibel, da sie an die Öffnungszeiten des Etablissements gebunden ist. Ein eher privateres Umfeld bieten Terminwohnungen und Wohnungsprostitution. In diesen Settings wird mehr Wert auf den Umgang mit dem Kunden und die Atmosphäre gelegt. Gute Sprachkenntnisse sind für diese Bereiche eine wichtige Voraussetzung. Die gesamte Arbeitssituation ist nach außen diskreter und persönlicher. Es fallen jedoch auch hohe Kosten an und Hygienevorgaben können nicht im selben Maß umgesetzt werden, wie in großen Betrieben mit einer entsprechenden Infrastruktur.

Die Bereiche BDSM-Studios oder Escortservice locken mit den höchsten Verdienstmöglichkeiten. Beide Bereiche haben jedoch klare Anforderungen an die dort tätigen Personen. So wird Wissen über spezielle Sexualpraktiken oder ein ansprechendes gesellschaftliches Auftreten und eine hohe Kommunikationsfähigkeit vorausgesetzt.

Arbeitsrealitäten in der Prostitution – Probleme im Lebensalltag der Frauen

Gemäß der Heterogenität hinsichtlich der persönlichen Hintergründe der Frauen in der Prostitution und der unterschiedlichen Prostitutionssettings zeichnet sich auch eine Vielzahl an Arbeitsrealitäten und Herausforderungen ab. Durch statistische Erhebungen wurde nachgewiesen, dass ein Großteil der Frauen einen Migrationshintergrund aufweist (vgl. Statistisches Bundesamt 2021). Ein hoher Anteil dieser Frauen arbeitet in Bordellen und Laufhäusern (vgl. Paulus 2020: 118).

Diese Etablissements zeichnen sich durch eine umfassende Infrastruktur aus, für welche täglich mitbezahlt werden muss. Wie bereits darauf hingewiesen, kann ein Zimmer im Bordell von circa 18 m² zwischen 70 bis 150 Euro pro Arbeitstag kosten. Bei einer 5-Tage-Woche kommt man damit auf eine monatliche Mietzahlung von 1.400 bis 2.600 Euro. Zusätzlich kommen Kosten für Kondome, Gleitgel, Arbeitskleidung, Werbeanzeigen im Internet und Handyrechnungen hinzu.

Zum Schutz wurde im §18 ProstSchG festgelegt, dass eine Person neben ihrem Arbeitszimmer auch einen separaten Wohn- oder Schlafraum haben muss. Durch die räumliche Trennung sollte die psychische Belastung reduziert und verhindert werden, dass eine durchgehende Bereitschaft auf der Arbeit gefordert wird. Diese Regelung missachtet jedoch die Lebensrealität der meisten Frauen. Auf dem freien Wohnungsmarkt ist es für die Frauen unmöglich, eine Wohnung zu erhalten, da sie weder über einen Lohnnachweis verfügen noch angeben wollen, in welcher Branche sie tätig sind. Um der finanziellen Doppelbelastung zu entgehen, entscheiden sich viele Frauen dazu, illegal in ihren Arbeitszimmern zu wohnen. Eine ständige Angst vor polizeilichen Kontrollen begleitet somit den Alltag. Eine weitere Möglichkeit kann sein, auf Wohnungen von Bekannten zurückzugreifen. Freier oder Betreiber*innen können zusätzlichen Wohnraum an die Frauen vermieten. Im ersten Fall kann dies mit der Erwartung verbunden sein, als Dank uneingeschränkten Zugang zu sexuellen Gefälligkeiten zu erhalten, in zweitem Fall schafft es eine weitere Abhängigkeit gegenüber den Betreiber*innen. Sollte die Frau in solch einer Situation beschließen, ihre Tätigkeit in der Prostitution aufzugeben, ist zu erwarten, dass sie umgehend auch ihren Wohnraum verlieren wird.

Zu den hohen monatlichen Mietzahlungen kommt zusätzlich eine Steuerpflicht in Bezug auf die Einnahmen hinzu. Zur vereinfachten Besteuerung beteiligen sich einige Städte am sogenannten Düsseldorfer Verfahren. Dieses Verfahren zur Besteuerung von Personen im sexuellen Dienstleistungssektor sieht eine Vorabsteuerpauschale pro Arbeitstag vor, welche sich im Rahmen von 25 bis 30 Euro bewegt. Monatlich müssen damit circa 500 Euro an das Finanzamt bezahlt werden.

Auch die Herkunftsfamilie stellt an die Frauen hohe Erwartungen. Eltern und Kinder müssen mit dem Gehalt der Frauen mitversorgt werden und erwarten regelmäßige Geldzahlungen. Vor allem im ersten Jahr der Coronakrise, 2020, wurde deutlich, wie viele Familien von den regelmäßigen Zahlungen der Frauen abhängig sind und wie hoch der psychische Druck auf die Frauen ist, Geld an die Familie zu schicken, um deren Existenz zu sichern.

Um diese enorme Kostensumme zu decken und auch Geld für den eigenen Lebensunterhalt zu verdienen, können fünf bis 20 Freier pro Abend notwendig sein. Die psychischen und körperlichen Folgen dieser Arbeitsanforderungen sind gravierend.

In einer vom Bundesministerium für Familie, Senioren, Frauen und Jugend herausgegebenen Untersuchung zeigte sich, dass die gesundheitliche und psychische Verfassung von Frauen in der Prostitution höchst problematisch ist (vgl. BMFSFJ 2004: 26f). 41 Prozent der Befragten gaben an, körperliche und sexuelle Gewalt im Kontext der Berufsausübung erlebt zu haben. Ein besonders belastendes Gefühl einer geringen Sicherheit steigerte die Angst vor weiteren gewalttätigen Übergriffen.

Knapp die Hälfte der Befragten wies Symptome einer Depression auf, ein Viertel gab an, häufig oder gelegentlich Selbstmordgedanken zu haben, ein Drittel zeigte Angstanfälle und Panikattacken und jede siebte Befragte äußerte Selbstverletzungsabsichten. Die psychische Belastung steht auch in einem engen Zusammenhang mit einem erhöhten Drogen- und Tabakkonsum. Des Weiteren wurden erhöhte körperliche Beschwerden wie z. B. im gynäkologischen und im Magen-Darm-Bereich festgestellt (vgl. ebd.). Internationale Studien kommen zu ähnlichen Ergebnissen.

Besonders besorgniserregend sind diese Erkenntnisse im Hinblick auf die gesundheitliche Unterversorgung der Frauen. Um der finanziellen Belastung zu entgehen, besitzt lediglich ein kleiner Prozentsatz der Frauen eine Krankenversicherung und somit einen Zugang zu medizinischer und therapeutischer Versorgung.

Die erlebten Belastungen können von den Frauen nicht mit Freund*innen und Bekannten geteilt werden. Ihnen fehlt die Möglichkeit, sich über die erlebten Belastungen zu unterhalten und Hilfe zu erhalten. Sie schämen sich für ihre Arbeit in der Prostitution und verheimlichen diese in ihrem ohnehin eingeschränkten sozialen Umfeld. Die Herkunftsfamilie geht davon aus, dass das verdiente Geld in der Gastronomie, dem Reinigungssektor oder der Produktion stammt. Ein komplettes Doppelleben muss inszeniert und täglich glaubhaft vermittelt werden.

Um all diesen Belastungen standzuhalten und sich für die schwere Arbeit zu belohnen, wird versucht, das alltägliche Leben angenehm zu gestalten. Das verdiente Geld wird z. B. für Luxusartikel ausgegeben und viele Frauen realisieren erst nach ihrem Ausstieg, dass sie nach jahrerlanger Arbeit keine Ersparnisse haben und vor dem finanziellen Ruin stehen.

Der Ausstieg aus der Prostitution – Fehlende Alternativen und Hürden in einem schwierigen Prozess

Der Ausstieg aus der Prostitution ist ein langwieriger Prozess. In der Theorie kann die Tätigkeit von einem auf den anderen Tag aufgegeben werden, praktisch sind hiermit jedoch etliche Fallstricke verbunden. Zu Beginn erfordert es ein hohes Maß an Entschlossenheit, die Arbeit tatsächlich aufzugeben. Die Angst vor dem Unbekannten und das Vertraute der Tätigkeit halten viele über Jahre hinweg in der Prostitution. Schafft es eine Frau, sich von den Zwängen eines Loverboys, dem finanziellen Druck der Familie und ihren eigenen Ängsten zu lösen, sieht sie sich mit weiteren Problemen konfrontiert.

Aufgrund der prekären Wohnsituation führt eine Arbeitsaufgabe oftmals zur sofortigen Wohnungslosigkeit. Ohne Wohnunterkunft, Meldeadresse und finanzielle Ressourcen ist ein Neuanfang außerhalb des Rotlichtmilieus kaum zu bewältigen. Gerade Frauen mit Migrationshintergrund fehlen oft auch die entsprechenden Nachweise über geleistete Steuerzahlungen in Deutschland, somit besitzen sie auch kein Recht auf eine umgehende staatliche Unterstützung.

Durch Wohnprojekte von Beratungsstellen für Frauen in der Prostitution kann dieser Bedarf aufgefangen werden. Eine Meldeadresse und eine Hilfestellung bei der Beschaffung von Nachweisen ermöglichen den Zugang einer staatlichen Unterstützung, bis eine alternative Arbeitsstelle gefunden ist. In diesem Prozess wird auch eine Anmeldung bei einer Krankenversicherung stattfinden. Da es in Deutschland eine Krankenversicherungspflicht gibt, wird vorerst geprüft, welche Versicherung zuvor vorhanden war. Wird eine Lücke im Versicherungszeitraum der letzten vier Jahre gefunden, können diese Beiträge von den Krankenversicherungen rückwirkend eingefordert werden. Für einen Zeitraum von vier Jahren ohne Krankenversicherung in Deutschland fallen Kosten in Höhe von rund 9.600 Euro an. Ohne Sprachkenntnisse und Vorerfahrungen kommen für viele Aussteigerinnen nur Arbeiten im Reinigungs- und Produktionssektor infrage. Mit dem dortigen Verdienst ist die Nachzahlung einer Summe von knapp 10.000 Euro kaum zu bewältigen und viele Frauen kehren entmutigt in die Prostitution zurück.

Nicht selten erfährt eine Frau auch erst nach ihrem Ausstieg, dass sie von ehemaligen Partnern oder Vermittler*innen betrogen wurde. Nichtsahnend unterzeichnen Frauen zu Beginn ihrer Arbeit Dokumente im vermeintlichen Glauben, dass dies für die Arbeitsaufnahme notwendig ist. Nach der offiziellen Anmeldung mit Meldeadresse tauchen dann Briefe mit enormen Summen für Handyrechnungen, Autoversicherungen oder -anmeldungen auf. Daran wird deutlich, wie stark die Vulnerabilität dieser Frauen zu Beginn der Arbeitsaufnahme gezielt ausgenutzt wird. Der Frau bleiben kaum Möglichkeiten, strafrechtlich dagegen vorzugehen, da sie selbst die Dokumente unterzeichnet hat und die eigene Unwissenheit nicht nachgewiesen werden kann.

Ausblick

Jessi wird noch fünf weitere Jahre in ihre Rolle schlüpfen, das Make-up auflegen und wieder abschminken, Freier anlächeln und Preise verhandeln. Nacht für Nacht. Sie wird älter, ihre Haut ist nicht mehr so straff, ihr Magen schmerzt und die Augenringe verschwinden nicht mehr unter dem Make-up. Das Geld reicht nur knapp für die Zimmermiete. Im Sommer reist sie zu ihrer Mutter und den Kindern nach Rumänien zurück. Was sie zurücklegen kann, reicht kaum für die Schule der Kinder. Aber sie spürt, dass ein neues Jahr in Deutschland nicht mehr möglich ist. Sie möchte hierbleiben, in ihrer Heimat, bei ihrer Familie.

Literaturverzeichnis

Bundeskriminalamt (Hrsg.) (2019): Menschenhandel und Ausbeutung. Bundeslagenbild 2019.

Bundesministerium für Familie, Senioren, Frauen und Jugend (BMFSFJ) (Hrsg.) (2004): Lebenssituation, Sicherheit und Gesundheit von Frauen in Deutschland. Eine repräsentative Untersuchung zu Gewalt gegen Frauen in Deutschland. Zusammenfassung zentraler Studienergebnisse. Berlin.

Bundesministerium für Familie, Senioren, Frauen und Jugend (BMFSFJ) (Hrsg.) (2020): Zwischenbericht des Bundesministeriums für Familie, Senioren, Frauen und Jugend zum Gesetz zur Regulierung des Prostitutionsgewerbes sowie zum Schutz von in der Prostitution tätigen Personen. Berlin.

Campagna, Norbert (2005): Prostitution. Eine philosophische Untersuchung. Kempten: Parerga.

Czarnecki, Dorothea; Engels, Henny; Kavemann, Barbara; Steffan, Elfriede; Schenk, Wiltrud; Türnau, Dorothee (2014): Prostitution in Deutschland – Fachliche Betrachtung komplexer Herausforderungen. Zugriff am 06.07.2021 unter https://www.spi-research.eu/wp-content/uploads/2014/11/ProstitutionFinal.pdf.

Farley, Melissa; Cotton, Ann; Lynne, Jacqueline; Zumbeck, Sybille; Spiwak, Frida; Reyes, Maria E.; Alvarez, Dinorah, Sezgin, Ufuk (2003): Prostitution and Trafficking in Nine Countries. An Update on Violence and Postraumatic Stress Dissorder. In: Journal of Trauma Practice 2(3/4), S. 33–74.

Girtler, Roland (2013): Der Strich. Soziologie eines Milieus. (6. Aufl.) Wien: Lit.

Kavemann, Barbara; Steffan, Elfriede (2013): Zehn Jahre Prostitutionsgesetz und die Kontroverse um die Auswirkungen. In: Aus Politik und Zeitgeschichte 63 (9), 9–15. Zugriff am 06.07.2021 unter: https://www.bpb.de/apuz/155364/zehn-jahre-prostitutionsgesetz-und-die-kontroverse-um-die-auswirkungen?p=all.

Paulus, Manfred (2020): Menschenhandel und Sexsklaverei. Organisierte Kriminalität im Rotlicht. Wien: Promedia.

Statistisches Bundesamt (Hrsg.) (2021): Pressemitteilung Nr. 314 vom 1. Juli 2021. Zugriff am 06.07.2021 unter: https://www.destatis.de/DE/Presse/Pressemitteilungen/2021/07/PD21_314_228.html;jsessionid=12B79E60616C13F26C02E4BA701D991E.live732.

Wege, Julia (2015): Soziale Arbeit im Kontext der Lebenswelt Prostitution – Professionelle Handlungsansätze im Spannungsfeld unterschiedlicher Systeme und Akteure. In: M. Albert, J. Wege (Hrsg.), Soziale Arbeit und Prostitution. Wiesbaden: Springer.

Laura Quandt

Gesellschaftlicher und rechtlicher Umgang mit Prostitution im europäischen Vergleich

Einführung

Im europäischen Vergleich gibt es eine Vielzahl an gesetzlichen Bestimmungen, wie und in welcher Form die Ausübung von Prostitution und der Kauf von sexuellen Dienstleistungen erlaubt ist. Länder wie die Niederlande und Deutschland haben liberalere Regelungen, welche Prostitution kontrollieren, jedoch nicht grundsätzlich verbieten. Sie verfolgen damit einen sogenannten regulatorischen Ansatz. Länder wie Schweden und weitere nordische Staaten weisen einem abolitionistischen Ansatz auf und haben den Kauf von sexuellen Diensten kriminalisiert. Das Thema Prostitution wird zwar auf nationaler Ebene gesetzlich geregelt, jedoch spielt im Zuge der offenen Grenzen in Europa die Thematik eine übergreifende Rolle. Schätzungsweise 90 Prozent der Frauen[1] in der Prostitution kommen aus dem Ausland und hier insbesondere aus anderen EU-Ländern wie Rumänien, Bulgarien oder Ungarn. Somit bleibt Prostitution ein grenzüberschreitendes Thema, welches auch zum Schutz der Betroffenen über Grenzen hinweg gedacht werden muss.

Regulatorischer Ansatz – Ein liberaler Umgang am Beispiel von den Niederlanden

Die gesetzlichen Regelungen in den Niederlanden und Deutschland lassen sich dem sogenannten regulatorischen Ansatz zuschreiben, in welchem der Kauf und das Anbieten von Sex als eine wirtschaftliche Tätigkeit anerkannt werden soll und es somit einen gesetzlich geregelten Markt von Prostitution gibt. Damit einhergehend wird durch die gesetzlichen Regularien versucht, eine Trennung zwischen dem Verkauf von Sex und sexueller Ausbeutung zu ziehen. Dies bezieht sich auf eine komplexe Unterscheidung von freiwilliger Prostitution entsprechend der Gesetzesgrundlage und der Zwangsprostitution. Die Gesetze sollen Personen vor der Ausbeutung schützen und ihre Arbeitsbedingungen verbessern, indem ihre Arbeit rechtlich anerkannt wird, um in diesem Zusammenhang auch der bestehenden Diskriminierung entgegenzuwirken.

In den Niederlanden stand freiwillige Prostitution von volljährigen Personen noch nie unter Strafe. Aber erst seit einer Gesetzesänderung im Jahr 2000 wurde das allgemeine Verbot von Bordellen aufgehoben, wodurch die Prostitution vollständig legalisiert wurde. Diese Änderung hat dazu geführt, dass die gesetzlichen Regelungen schlussendlich an die bereits bestehende Praxis angepasst wurden. Somit blieben der Betrieb von Bordellen und auch die Zuhälterei straffrei, solange sich an die von den Kommunen erstellten Auflagen gehalten wird. Es ist legal, Arbeitsverträge zwischen Bordellbesitzer*innen und den sich prostituierenden Personen zu erstellen, wodurch letztere auch einen Zugang zum Sozialversicherungssystem erhalten. Die Entscheidungen bezüglich der Lizenzvergabe an Prostitutionsstätten und die tatsächliche Umsetzung der Gesetze obliegt den einzelnen Kommunen, wodurch es im ganzen Land unterschiedliche Vorgaben gibt.

---

1 Da die überwiegende Mehrheit, der in der Prostitution arbeitenden Menschen Frauen sind, wird im nachfolgenden Artikel überwiegend die weibliche Form verwendet, wenngleich wichtig zu erwähnen ist, dass auch Männer oder transsexuelle Menschen in der Prostitution arbeiten.

Eine Evaluierung der gesetzlichen Regelungen von Seiten der Regierung im Jahr 2007 hat aufgezeigt, dass nur eine Minderheit von rund 5 Prozent einen Arbeitsvertrag und somit einen Anspruch auf eine Sozialversicherung haben. Ausübungsorte wie der Straßenstrich wurden nur in den wenigsten Kommunen toleriert und auch Vorgaben zur Trennung von Wohn- und Arbeitsplatz variieren je nach Region. Ausstiegsprogramme konnten 2007 nur 6 Prozent der Kommunen vorweisen. Nach Einschätzungen hat sich die psychische Belastung der Frauen in der Prostitution seit der Gesetzesänderung sogar eher verschlechtert.

Im Hinblick auf die polizeilichen Kontrollen und die Durchsetzung der rechtlichen Vorschriften durch die Kommunen gibt es noch deutlichen Verbesserungsbedarf. Aus einem Polizeibericht aus dem Jahr 2008 geht hervor, dass die Lizenzen der Bordellbetriebe nicht ausreichend kontrolliert werden und gerade nicht lizenzierte Betriebe keiner oder einer nachträglichen Prüfung ausgesetzt waren. Auch wurde deutlich, dass *„lediglich die Hälfte der Behörden [...] bei der Prostitutionspolitik gebührendes Augenmerk auf die Bekämpfung des Menschenhandels [legt]"* (Schulze 2014: 40). Nach Schätzungen werden in den Niederlanden 60–70 Prozent der sich prostituierenden Frauen durch kriminelle Gruppen zur Prostitution gezwungen, was dazu führte, sich auch auf politischer Ebene kritisch mit einem möglichen neuen Gesetz zur strengeren Kontrolle der Prostitution zu beschäftigen. Zentral hierbei war die Überlegung, ein landesweites und verpflichtendes Register für sich prostituierende Personen zu schaffen. Neben der Anhebung des Mindestalters auf 21 Jahre sollten auch Personen bestraft werden, die Leistungen von illegalen sich prostituierenden Personen in Anspruch nehmen (vgl. Schulze 2014: 43). Der Gesetzesentwurf mit einigen weiteren Regelungen wurde kritisch diskutiert und mehrfach überarbeitet, ohne jedoch verabschiedet zu werden. Aktuell werden auch in den Niederlanden vor allem durch die junge Bevölkerung immer wieder Stimmen laut, die ein Sexkaufverbot, ähnlich wie das in Schweden, fordern.

Rechtliche Bestimmungen in Deutschland

Im Jahr 2002 ist das Prostitutionsgesetz (ProstG) in Deutschland in Kraft getreten, wodurch die zuvor als sittenwidrig eingestufte Prostitution legalisiert und liberalisiert wurde. Diese Änderung wurde von der damaligen Rot-Grünen Bundesregierung auf den Weg gebracht, nachdem schon Jahre zuvor Stimmen verschiedener Interessensvertretungen von Sexarbeiter*innen nach einer Legalisierung ihrer Tätigkeit laut wurden. Das Ziel war es, die bestehende Diskriminierung von Menschen, welche im Bereich der Prostitution arbeiten, zu überwinden und eine Rechtsgrundlage zu schaffen, die es ermöglicht, die Bezahlung gegebenenfalls einklagen zu können. Dieses Recht, welches sich aus §1 ProstG ergibt, wird um die Tatsache ergänzt, dass die Ansprüche auf Bezahlung nicht auf Dritte übertragen werden können (z. B. Zuhälter*innen oder Betreiber*innen). Durch den nun veränderten Status der Frauen ist auch ein Zugang zu Sozialversicherungen möglich geworden, was insgesamt zur Verbesserung ihrer Arbeitsbedingungen führen soll (vgl. Czarnecki et al 2014: 9ff.).

Nach der Aufhebung der Sittenwidrigkeit der Prostitution im Jahre 2002 nehmen die Debatten rund um das Thema Prostitution nicht ab. Es gab auf der einen Seite klare Forderungen gegen Prostitution und somit eine Veränderung der gesetzlichen Rahmenbedingungen, die das System Prostitution abschaffen sollen und Freier, die sexuelle Dienstleistungen kaufen, bestraft sehen wollen. Gleichzeitig gab es Gruppen, die sich ganz klar für Prostitution ausgesprochen haben und in Reaktion auf die gesellschaftliche Debatte auch Berufsverbände gegründet haben, die sich für die Belange von selbstbestimmten Sexarbeiter*innen einsetzen (vgl. Bibbert 2020: 9). Als Reaktion hat das Bundesministerium für Familie, Senioren, Frauen und Jugend (BMFSFJ) Stellungnahmen von verschiedenen Vertreter*innen, wie aus der Polizei, Gesundheitsämtern, Fachverbänden und Hilfsorganisationen in Auftrag gegeben, um eine Einschätzung zur geplanten „Regulierung des Prostitutionsgewerbes" zu erhalten.

Unter Berücksichtigung der Stellungnahmen ist im Juli 2017 das Prostituiertenschutzgesetz (ProstSchG) in Kraft getreten: „*Ziel des Gesetzes ist die Verbesserung der Situation für die in Prostitution Tätigen durch die Stärkung ihres Selbstbestimmungsrechts und die Gewährleistung eines besseren Schutzes vor Ausbeutung, Zuhälterei, Gewalt und Menschenhandel. Die gesetzliche Grundlage dient zugleich dazu, die ordnungsrechtlichen Instrumente zur Überwachung des Prostitutionsgewerbes zu verbessern und gefährliche Erscheinungsformen des Prostitutionsgewerbes auszuschließen*" (BMFSFJ 2017). Zunächst wird in §2 ProstSchG sexuelle Dienstleistungen und Prostituierte definiert: „*Eine sexuelle Dienstleistung ist eine sexuelle Handlung mindestens einer Person an oder vor mindestens einer anderen unmittelbar anwesenden Person gegen Entgelt oder das Zulassen einer sexuellen Handlung an oder vor der eigenen Person gegen Entgelt [...]. Prostituierte sind Personen, die sexuelle Dienstleistungen erbringen.*" Es lassen sich somit neue Regelungen sowohl für die in der Prostitution tätigen Personen als auch für Betreiber*innen von Prostitutionsgewerben finden. Zentrale Neuerungen sind die Anmeldepflicht für Personen, die in der Prostitution arbeiten möchten, sowie damit verbundene Beratungsgespräche bei der zuständigen Behörde sowie eine Gesundheitsberatung mit regelmäßigen Folgeterminen beim Gesundheitsamt. Im Anschluss an die Anmeldung wird eine Anmeldebescheinigung ausgestellt, welche nach Wunsch auch zusätzlich auf den selbst gewählten Arbeitsnamen der Person erfolgen kann. Die Anmeldung ist mitzuführen und den Betreiber*innen von Prostitutionsstätten vorzulegen (§§ 3ff. ProstSchG).

Auch eingeführt wurde die Kondompflicht gemäß §32 ProstSchG, welche von Seiten der Betreiber*innen unterstützend durchgesetzt werden soll. Dies kann in Form von Hinweisschildern und der Bereitstellung von Kondomen gewährleistet werden. Wie bereits angedeutet, gibt es durch das Prostituiertenschutzgesetz auch für die Betreiber*innen wesentliche Änderungen, zu denen unter anderem gehört, die nun vorgeschriebenen Formalien von Seiten der Prostitution nachgehenden Personen zu kontrollieren und somit im eigenen Betrieb auf Anmeldungen zu bestehen und diese einzusehen. Dies bedeutet auch, dass es den Personen innerhalb der Arbeitszeit erlaubt sein muss, Beratungsgespräche oder medizinisch vorgesehene Untersuchungen wahrzunehmen (§§16ff. ProstSchG). Die von den Betreiber*innen erstellte Hausordnung und das Betriebskonzept sollen den Frauen zugänglich sein. Es bedarf außerdem bei allen Verabredungen und Zahlungen zwischen ihnen und den Betreiber*innen eine schriftliche Dokumentation (vgl. Büttner 2017: 16ff.).

Expert*innen kommen zu dem Schluss, dass die Zielsetzung des Prostituiertenschutzgesetzes und die angestrebten Verbesserungen der Lebensumstände von Menschen in der Prostitution nicht erreicht wurden. Es wird angemerkt, dass das Gesetz sich eher an die Lebensrealität der selbstbestimmten und selbstorganisierten Frauen in der Prostitution orientiert. Die „Durchschnittsprostituierte" oder die sogenannten Opfertypen, wie sie beispielsweise von polizeilicher Seite beschrieben werden, haben in ihrer Lebensrealität gänzlich andere Probleme und können keinen Nutzen aus den nun vorhandenen Regelungen ziehen. Es lässt sich folgendes Fazit ziehen: *„Im Ergebnis hat das ProstSchG drei Jahre nach seiner Einführung tatsächlich nichts Wesentliches an den beklagenswerten Zuständen, die mit diesem Gesetz eigentlich verbessert werden sollten, geändert"* (Sporer 2021: 3).

Strafrechtliche Regelungen im Bereich der Prostitution und des Menschenhandels

Obgleich Prostitution in Deutschland legalisiert wurde, lassen sich dennoch Einschränkungen durch das Strafgesetzbuch (StGB) finden, in der unfreiwillige Prostitution von der nun legalisierten selbstbestimmten Prostitution unterschieden wird. Allen voran wird in §180a die Ausbeutung von Prostituierten unter Strafe gestellt. Darunter fallen beispielsweise Betreiber*innen, die ihre Räumlichkeiten Personen zur Verfügung stellen, die sich in persönlicher oder wirtschaftlicher Abhängigkeit zu ihnen befinden. Dies kann der Fall sein, wenn die Bezahlung zu einem großen Teil einbehalten wird oder die persönliche und sexuelle Selbstbestimmung der Person eingeschränkt wird. In § 180a Abs. 2 StGB wird außerdem erklärt, dass es unter Strafe steht, einer Person unter 18 Jahren einen Raum zur Ausübung der Prostitution zu gewähren, was somit bedeutet, dass die Ausübung von Prostitution erst mit der Volljährigkeit erlaubt ist. Diese Regelungen sollen dazu beitragen, ausbeuterische Strukturen im Bereich der Prostitution zu unterbinden und die Selbstbestimmung der im Prostitutionsgewerbe arbeitenden Personen sicherzustellen.

Zu diesem Zwecke wird nach § 181 StGB auch Zuhälterei in Deutschland unter Strafe gestellt. Unter Zuhälterei wird die Ausbeutung einer Person, welche der Prostitution nachgeht, verstanden oder auch einen Vorteil im Hinblick auf das eigene Vermögen aus der Arbeit sich einer prostituierenden Person zieht. Dabei überwachen und kontrollieren Zuhälter*innen ihre Opfer bei der Ausübung der Prostitution im Hinblick auf Zeit, Ort und Ausmaß ihrer Tätigkeit. Auch schaffen sie Abhängigkeitsstrukturen, die es den Opfern nicht erlauben, ihre Tätigkeit als Prostituierte*r zu beenden. Bei Zuhälterei ist die Kontrolle über die sich prostituierende Person so umfassend, dass sie in ihrer Entscheidungsfreiheit gänzlich einschränkt und in einem besonderen Maße von den Zuhälter*innen abhängig ist. Zuhälterei ist auch dann strafbar, wenn sie zwischen Partner*innen oder Eheleuten stattfindet (vgl. Czarnecki et al 2014: 11ff.).

Ebenso strafbar ist gemäß § 232 StGB Menschenhandel, worunter die Ausnutzung einer anderen Person fällt, welche sich in einer persönlichen oder wirtschaftlichen Zwangslage befindet, die auch mit dem Aufenthalt in einem fremden Land verbunden ist. Aber auch das Anwerben einer Person unter dem 21. Lebensjahr, mit dem Ziel der Ausbeutung und der damit verbundenen Beförderung und Weitergabe der Person, wird bestraft. Dies schließt auch sexuelle Handlungen mit ein, welche an oder vor den Täter*innen ausgeübt werden oder gegenüber Dritten erbracht werden. Eine ausbeuterische Beschäftigung fällt ebenfalls unter diese gesetzliche Regelung. Zwangsprostitution als eine erzwungene Arbeit im Bereich der Prostitution aufgrund beispielsweise einer wirtschaftlichen Zwangslage soll gemäß §232a StGB ebenfalls bestraft werden.

Von Seiten der Polizei wird im Hinblick auf die gesetzlichen Regelungen in Deutschland angemerkt, dass der Gesetzgeber bei einer Prostituierten, welche sexuelle Dienstleistungen erbringt (§2 ProstSchG), davon ausgeht, dass es sich hierbei um eine freiwillige Handlung handelt. Denn nur so lasse sich die strafrechtliche Abgrenzung zur Zwangsprostitution nach dem Strafgesetzbuch erklären. In diesem Zusammenhang muss davon ausgegangen werden, dass alle im Prostitutionsgewerbe arbeitenden Personen diese Tätigkeit freiwillig ausführen. Den Erkenntnissen nach erscheint dies unmöglich, wenn man sich die Strukturen des Milieus und die „Rekrutierungsländer" anschaut. Die Mehrheit der in Deutschland im Bereich der Prostitution tätigen Frauen kommt aus dem Ausland. Gründe für den Weg nach Deutschland lassen sich in den schlechten wirtschaftlichen Verhältnissen der Herkunftsländer, aber auch den häufig zerrütteten Familienverhältnissen der Frauen finden. Daraus entwickle sich der Wunsch, im Ausland ein neues und hoffentlich glücklicheres Leben beginnen zu können. Der Weg nach Deutschland und vor allem in das Rotlichtmilieu finden die Frauen nicht alleine – dazu haben sie meist gar nicht die zur Verfügung stehenden Mittel und das Wissen, – sondern durch Dritte, welche die Frauen speziell anwerben und nach Deutschland schleusen. Nach Berichten von Aussteiger*innen und kriminalpolizeilichen Untersuchungen zufolge kann insofern nicht von Freiwilligkeit im Sinne der Gesetzgebung gesprochen werden. Die Strukturen im Rotlichtmilieu sind von Zwang,

Gewalt und kriminellen Strukturen durchzogen, welche in der Gesetzgebung keine Beachtung finden (vgl. Paulus 2020: 135ff.).

Eine Studie, die vom Europäischen Parlament in Auftrag gegeben wurde, stellt fest, dass die strafrechtliche Verfolgung von Menschenhandel und Zwangsprostitution durch die Legalisierung von Prostitution nicht einfacher geworden ist. Es gibt aktuell nicht ausreichend Untersuchungen, die sich mit dem Verhältnis zur Polizei befassen. Ein polizeilicher Auftrag im Hinblick auf die gegebene Gesetzgebung in Deutschland ist dahingehend festzustellen, als dass die Polizei eine Kontrollfunktion ausübt. Sie kontrollieren beispielsweise die Anmeldungen und Arbeitserlaubnisse der sich prostituierenden Personen. Hierbei ist es auch ihre Aufgabe, nach Betroffenen von Menschenhandel und Zwangsprostitution zu suchen und die Verantwortlichen zu bestrafen. Der Nachweis von Straftaten, so die Erkenntnis der Studie, gestaltet sich als besonders schwierig, da sich nur auf die Aussagen der Opfer bezogen werden kann (vgl. Schulze et al 2014: 26).

Bei Bewertung der polizeilichen Angaben gibt es in Deutschland nur wenige Ermittlungs- und Strafverfahren, die in keinem angemessenen Verhältnis zu den tatsächlichen kriminellen Strukturen im Bereich der Prostitution stehen. Es wird davon ausgegangen, dass *„durch diese Legalisierung [...] ein polizeiliches Tätigwerden im Milieu erheblich erschwert oder gar verhindert werden [kann]"* (Paulus 2020: 136). Die polizeilichen Untersuchungen im Bereich Rotlicht und der damit verbundenen organisierten Kriminalität und möglichen internationalen Täter*innen-Gruppen würden damit in den Hintergrund rücken und an Beachtung verlieren. Das *„Dunkelfeld im Bereich des Menschenhandels und der Sexsklaverei [wird] auch durch diese gesetzliche vorgegebene Philosophie einer grundsätzlich freiwilligen und selbstbestimmten Prostitution und durch Ignoranz, Verkennen oder Verdrängen der Realität [verursacht], die sich bereits in den Begrifflichkeiten im sogenannten Prostituiertenschutzgesetz widerspiegelt"* (Paulus 2020: 137).

Polizeilichen Einschätzungen zur Folge sind die aktuellen gesetzlichen Regelungen in Deutschland nicht ausreichend, um die Mehrzahl der sich unter Zwang prostituierenden Frauen zu schützen. Es bedarf einer Änderung der Gesetzeslage, welche die Belange eben dieser Mehrheit der Frauen, die unfreiwillig auch durch die fehlenden beruflichen und sozialen Alternativen in der Prostitution arbeiten, ernst nimmt. Es wird in diesem Kontext von nur rund 5 Prozent der Frauen in der Prostitution gesprochen, welche selbstorganisiert und freiwillig ihrer Arbeit nachgehen. Bei einer Anpassung der gesetzlichen Grundlagen sollte auf die Sicherheit und die tatsächliche Lebensrealität dieser Frauen Rücksicht genommen werden. Die Lösung hierfür sehen sie in der Änderung der Gesetzeslage nach dem Vorbild des Nordischen Modells, welches ein Sexkaufverbot vorsieht und den Kauf von Sex unter Strafe stellt (vgl. Sporer 2021: 14ff.; Paulus 2020: 148).

Abolitionistische Ansätze – Das Nordische Modell am Beispiel von Schweden

Neben der Legalisierung von Prostitution und der damit verbundenen gesetzlichen Trennung von freiwilliger und erzwungener Prostitution, wie es entsprechend des regulatorischen Ansatzes in Deutschland oder den Niederlanden der Fall ist, lassen sich auch europäische Länder finden, die das Prostitutionsgewerbe ganz oder in Teilen unter Strafe gestellt haben. Dazu zählen beispielsweise Spanien und Schweden, wobei letzteres Modell mitsamt einem Sexkaufverbot exemplarisch beschrieben wird.

Die Hauptargumente dafür, den Kauf und Verkauf von Sex zu verbieten, beziehen sich auf die Verbindung von Prostitution und Menschenhandel zum Zweck der sexuellen Ausbeutung sowie der damit verbundenen Gewalt gegenüber der sich prostituierenden Person. Da es in der Regel Frauen sind, welche sexuelle Dienstleistungen anbieten, bzw. Männer sind, die Sex kaufen, ist diesbezüglich ein Machtungleichgewicht vorhanden, welches auch im Sinne der angestrebten Gleichstellung der Geschlechter in der Gesellschaft als inakzeptabel angesehen wird.

Die Gründe für den Einstieg in die Prostitution sind vielfältig und hängen häufig mit der Biografie der jeweiligen Person zusammen. Es lassen sich jedoch bei Frauen, die in der Prostitution arbeiten, mehrheitlich wirtschaftliche Faktoren für den Einstieg erkennen. So kann dies aufgrund einer Diskriminierung auf dem Arbeitsmarkt, mangelnder schulischer Bildung, Obdachlosigkeit oder finanzieller Not dazu führen, dass Frauen keine andere Option sehen, als sich zu prostituieren und so ihren Lebensunterhalt zu sichern. Diese Frauen sind in besonderem Maße schutzlos, da sie durch Armut keine Alternativen als den Verkauf von Sex sehen, um überleben zu können. Von besonders schutzbedürftigen Frauen spricht man auch, wenn sie Opfer von Menschenhandel zum Zweck der sexuellen Ausbeutung sind, sodass auch Frauen, die aufgrund von Armut im Bereich der Prostitution arbeiten als Opfer verstanden werden, da sie gleichermaßen eine besondere Schutzbedürftigkeit brauchen. Daraus wird die Schlussfolgerung gezogen, dass fast alle Frauen, die in der Prostitution arbeiten, schutzlos sind, da sie sich entweder unter Zwang oder Gewalt prostituieren oder ihnen Alternativen fehlen, ihren Lebensunterhalt zu sichern (vgl. Schulze 2014: 19–20).

Die Vertreter*innen des Abolitionismus beziehen sich auf verschiedene Studien, in denen deutlich wird, dass *„im Prostitutionsgewerbe tätige Menschen einem hohen Risiko ausgesetzt sind, schwere körperliche und psychische Gewalt zu erleiden und sogar zu Tode zu kommen"* (Schulze 2014: 15). Eine von Farley durgeführte Studie mit sich prostituierenden Personen aus neun verschiedenen Ländern konnte feststellen, dass 68 Prozent der Befragten Symptome einer „Posttraumatischen Belastungsstörung" aufweisen, wie sie sonst bei Kriegsveteranen festzustellen ist. Auch hat sich gezeigt, dass die Befragten wiederholt verschiedenen Formen von Gewalt wie Vergewaltigung oder sexueller Nötigung ausgesetzt waren (vgl. Farley et al 2003: 34). Für Vertreter*innen des abolitionistischen

Ansatzes wird deutlich, dass *„Prostitution eine besondere Form der Gewalt gegen Frauen darstellt und abgeschafft werden sollte"* (Schulze 2014: 17). Das bereits angesprochene ungleiche Machtverhältnis, das sich innerhalb des Prostitutionsmilieus zwischen Männern und Frauen ergibt, steht der angestrebten Gleichberechtigung der Geschlechter entgegen und verletzt darüber hinaus die Würde der Frauen. Es übt in negativer Weise einen Einfluss auf die Verhältnisse zwischen Männern und Frauen aus, die von einem Bild geprägt werden, in dem ein Mann den Körper einer Frau oder gar die Frau selbst kaufen kann (vgl. Schulze 2014: 21).

Schweden hat bereits im Jahr 1999 eine Gesetzesänderung vorangebracht, deren zentrales Merkmal ein Sexkaufverbot war. Dies bedeutet in der Praxis, dass der Kauf von sexuellen Dienstleistungen von nun an unter Strafe steht und mit bis zu einem Jahr Freiheitsstrafe geahndet werden kann. Alle Aktivitäten, die in Zusammenhang mit Prostitution stehen, wie Zuhälterei, die Vermietung von Räumlichkeiten oder Vermittlung von Kund*innen, können ebenfalls bestraft werden. Das Anbieten von sexuellen Dienstleistungen blieb hingegen straffrei. Da der Verkauf von sexuellen Dienstleistungen nicht strafbar ist, haben die Frauen die Möglichkeit, sich als Selbstständige anzumelden und dadurch steuerpflichtig zu arbeiten, wodurch sie Ansprüche auf Sozialleistungen haben. Durch dieses Gesetz werden also die Käufer*innen von sexuellen Dienstleistungen bestraft und stehen damit im Fokus des Interesses. Auch der Menschenhandel und die Zuhälterei sollen damit bekämpft werden und aufgrund der gesetzlichen Regelungen keinen Freiraum lassen. Das Ziel ist es, die Nachfrage nach sexuellen Dienstleistungen einzudämmen und damit auch die Angebote an Prostitution weiter zu schmälern.

Eine im Jahr 2010 veröffentlichte Evaluierung des Gesetzes kommt zu dem Ergebnis, dass die grundlegenden Ziele erreicht wurden. Die Nachfrage nach sexuellen Dienstleistungen sei um die Hälfte zurückgegangen und auch die große Mehrheit der Bevölkerung unterstützt inzwischen das Sexkaufverbot. Nach kriminalpolizeilichen Einschätzungen ist das Land für Menschenhandel und Zuhälterei weniger attraktiv, was auch auf die zurückgehende Nachfrage nach käuflichem Sex zurückzuführen sei.

Im Hinblick auf die in der Prostitution arbeitenden Personen gibt es mit der Entstehung des Sexkaufverbots eine Vielzahl an Beratungsstellen und Ausstiegsprogrammen für sich prostituierende Personen, um gemeinsam Alternativen zu schaffen oder auch zu psychosozialen und gesundheitsspezifischen Themen zu beraten (vgl. Schulze 2014: 57ff.).

Resümee

Die europäischen Regelungen zur Prostitution unterscheiden sich deutlich voneinander und weisen Ansätze von vollständiger Liberalisierung bis hin zur Kriminalisierung auf. Die gesellschaftlichen Debatten, welche die moralische und tatsächliche Vielfalt der Meinungen über Prostitution widerspiegeln, vermitteln die Problematiken in diesem polarisierenden Themenfeld. Ein Diskurs ist jedoch notwendig, um grundlegend über gesetzliche Bestimmungen bestmögliche Lebensbedingungen für Frauen in der Prostitution schaffen zu können. Es ist eine politische Aufgabe, Rahmenbedingungen zu schaffen, aber es benötigt bei der Umsetzung auch polizeiliche Unterstützung, um den Schutz der Frauen zu gewährleisten. Durch Beratungsstellen für Frauen in der Prostitution vor Ort können sich Frauen beraten lassen, um bei Bedarf Alternativen zur Arbeit in der Prostitution zu finden. Es benötigt zusätzlich eine enge Zusammenarbeit von Seiten der Politik, Polizei und sozialen Organisationen, um die schwierige Situation der Frauen nachhaltig verändern zu können.

Literaturverzeichnis

Bibbert, Mark (2020): Prostitutionsgesetzgebung: Regulierungen im Dunkeln. Sozialmagazin (3-4), 6–13.

Bundesministerium für Familie, Senioren, Frauen und Jugend (BMFSFJ) (Hrsg.) (2017): Prostituiertenschutzgesetz. Zugriff am 30.08.2021 unter https://www.bmfsfj.de/bmfsfj/service/gesetze/gesetz-zur-regulierung-des-prostitutionsgewerbes-sowie-zum-schutz-von-in-der-prostitution-taetigen-personen-113880.

Büttner, Manfred (2017): Prostituiertenschutzgesetz- Kurzkommentar. Stuttgart: Richard Boorberg Verlag.

Czarnecki, Dorothea; Engels, Henny; Kavemann, Barbara; Steffan, Elfriede; Schenk, Wiltrud; Türnau, Dorothee (2014): Prostitution in Deutschland – Fachliche Betrachtung komplexer Herausforderungen. Zugriff am 06.07.2021 unter https://www.spi-research.eu/wp-content/uploads/2014/11/ProstitutionFinal.pdf.

Farley, Melissa; Cotton, Ann; Lynne, Jacqueline; Zumbeck, Sybille; Spiwak, Frida; Reyes, Maria E.; Alvarez, Dinorah; Sezgin, Ufuk (2003): Prostitution and Trafficking in Nine Countries. An Update on Violence and Postraumatic Stress Dissorder. In: Journal of Trauma Practice 2(3/4), S. 33–74.

Paulus, Manfred (2020): Menschenhandel und Sexsklaverei – Organisierte Kriminalität im Rotlichtmilieu. Wien: Promedia.

Schulze, Erika; Novo Canto, Sandra Isabel; Mason, Peter; Skalin, Maria (2014): Sexuelle Ausbeutung und Prostitution und ihre Auswirkung auf die Gleichstellung der Geschlechter. Zugriff am 30.08.2021 unter https://www.europarl.europa.eu/RegData/etudes/STUD/2014/493040/IPOL-FEMM_ET(2014)493040_DE.pdf.

Sporer, Helmut (2021): Stellungnahme zur Anhörung des Ausschusses für Gleichstellung und Frauen des Landtags Nordrhein-Westfalen am 14. Januar 2021 über den Antrag der Fraktion der CDU und der Fraktion FDP vom 08.09.2020 Drucksache 17/10851 „Nein! Zum Sexkaufverbot des Nordischen Modells-Betroffenen helfen und nicht in die Illegalität abschieben". Zugriff am 10.08.2021 unter https://www.landtag.nrw.de/portal/WWW/dokumentenarchiv/Dokument/MMST17-3443.pdf.

Julia Wege und Martin Albert

Beratungsstelle Amalie –
Beratung für Frauen in der Prostitution

Die Beratungsstelle Amalie für Frauen in der Prostitution besteht seit Juli 2013. Sie befindet sich im Mannheimer Stadtteil Neckarstadt-West in unmittelbarer Nähe zur Bordellstraße sowie zur illegalen Prostitutionsszene. Amalie bietet Frauen in Mannheim und der Rhein-Neckar Region, die in der Prostitution arbeiten, eine professionelle psychosoziale, medizinische und sozialrechtliche Beratung an. Amalie sorgt für praktische Lebenshilfe, kostenfreie medizinische Behandlung und einen geschützten Rückzugsort. Die Beratungsstelle unterstützt Frauen umfassend, wenn diese aus der Prostitution aussteigen und (mit ihren Kindern) ein neues selbstbestimmtes Leben beginnen wollen.

Neben einem großen Aufenthaltsraum gibt es bei Amalie zwei Beratungsräume, Duschmöglichkeiten für die Frauen und ein ärztliches Behandlungszimmer. Das Team von Amalie besteht aus drei hauptamtlichen Sozialarbeiterinnen (gesamt 2,5 Stellen-Deputat). Seit Sommer 2016 bietet Amalie eine medizinische Sprechstunde in Kooperation mit dem Fachbereich Gesundheit der Stadt Mannheim an. Die medizinische Betreuung wird von vier Gynäkolog*innen geleistet, welche ein- bis zweimal im Monat ehrenamtlich in der Beratungsstelle tätig sind. Der Fachbereich Gesundheit übernimmt die Materialien sowie Laborkosten. Dies hat sich als optimale Zusammenarbeit erwiesen und es konnte dadurch unmittelbar ein Anstieg in der Sprechstunde verzeichnet werden. Die meisten Frauen sind nicht krankenversichert und somit ist dies ein wichtiges Angebot, besonders in akuten Notfällen handeln zu können. Prävention und Aufklärung sind zwei weitere Aspekte der gynäkologischen Sprechstunde.

Neben den Ärzt*innen sind weitere ehrenamtliche Helferinnen eingebunden, welche geschult werden und je nach Fall und Bedarf eingesetzt werden. Weitere ehrenamtliche Mitarbeiter*innen unterstützen die Arbeit von Amalie in der Öffentlichkeitsarbeit, mit Geld- und Sachspenden sowie bei verschiedenen praktischen Aufgaben. Prostitution ist ein gesellschaftliches Tabuthema. Amalie klärt die Öffentlichkeit über die Lebenswirklichkeit von Frauen in der Prostitution auf und setzt sich sozialpolitisch für einen besseren Schutz dieser Frauen ein. Amalie möchte durch politische Arbeit und eine intensive Öffentlichkeitsarbeit auf das Thema aufmerksam machen und die Gesellschaft für die schwierige Situation der Frauen sensibilisieren, z. B. in Form von Veranstaltungen, Vorträgen und Pressearbeit.

Amalie kooperiert eng mit der (Kriminal-)Polizei, sozialen Einrichtungen sowie mit städtischen Behörden. Mit diesen Kooperationspartner*innen und verschiedenen politischen Akteur*innen aus Mannheim wurde mit Start der Beratungsstelle der „Runde Tisch Prostitution" gegründet. Hier werden Maßnahmen zur Verbesserung der Situation von Frauen in der Prostitution abgestimmt. Träger von Amalie ist das Diakonische Werk der Evangelischen Kirche in Mannheim. Das Konzept für die Beratungsstelle wurde gemeinsam mit der SRH Hochschule Heidelberg, Fakultät für Sozial- und Rechtswissenschaften, entwickelt. Amalie wird weiterhin fachlich durch die SRH Hochschule und RWU Hochschule Ravensburg-Weingarten begleitet.

Das Team von Amalie führt regelmäßig umfassende Streetwork-Aktionen durch. Aufgesucht werden Frauen, die in Bordellbetrieben, Clubs, Bars, Terminwohnungen und in der Straßenprostitution tätig sind. Die Aufsuchende Arbeit ist als sozialarbeiterische Methode besonders geeignet, um vor Ort Kontakte zu Frauen zu knüpfen und die Angebote von Amalie bekannt zu machen. In der Regel gehen bis zu zwei Mitarbeiterinnen von Amalie in das Rotlichtmilieu, um die Frauen dort aufzusuchen, wo sie arbeiten. Dort ergeben sich oft Kurzberatungen und erste Gespräche, die oft in eine Einzelfallberatung in der Beratungsstelle führen. Begleitet werden die Sozialarbeiterinnen von Dolmetscherinnen, damit eine erste Kontaktaufnahme über die jeweilige Landessprache möglich ist. Im Rahmen dieses Erstkontakts werden die Frauen zu Angeboten der Beratungsstelle wie dem Frauencafé oder der gynäkologischen Sprechstunde eingeladen. In der vertrauensvoll gestalteten Atmosphäre der Beratungsstelle kann der Kontakt vertieft und der Bedarf hinsichtlich der jeweiligen Lebenssituation ermittelt werden. Besonders Frauen mit traumatischen Erfahrungen müssen psychologisch aufgefangen werden. Ein wichtiger Schwerpunkt in den Gesprächen liegt darin, Angebote für einen Ausstieg anzubieten.

Hilfestellung beim Ausstieg

Eine wesentliche soziale Benachteiligung für ausstiegswillige Frauen ergibt sich aufgrund der unklaren Rechtslage der Prostituierten. Obwohl Prostituierte die Möglichkeit haben, als Selbstständige oder in einem Beschäftigungsverhältnis zu arbeiten, nehmen Frauen dies in Mannheim nicht in Anspruch. Dies trifft auch bundesweit auf andere Städte zu. Fast alle Frauen leben in unsicheren Miet-, Arbeits- und Wohnverhältnissen. Die wenigsten verfügen über einen Krankenversicherungsschutz und sind somit von der medizinischen Versorgung ausgeschlossen. Unabhängig vom Tätigkeitsbereich (Straßen-, Drogenprostitution, Bordell- oder Terminwohnung) sind die Wohn- und Schlafplätze der Frauen oftmals identisch mit dem Arbeitsplatz. Die Wohnverhältnisse von Frauen sind somit äußert prekär, zumal oftmals nur mündliche Vereinbarungen bestehen. Bei einem Ausstieg aus dem Rotlichtmilieu verlieren die Frauen in den meisten Fällen auch ihren Wohnraum und sind folglich von Obdachlosigkeit betroffen.

2016 hat das Diakonische Werk Mannheim das Angebot der Beratungsstelle Amalie um ein Wohnprojekt erweitert. Das Wohnprojekt bietet Frauen bei einem Ausstiegswunsch unmittelbar Wohnraum und psychosoziale Betreuung an. Denn der Schlüssel für den Ausstieg ist die sichere Wohnung, die Amalie unterhält. Das Wohnprojekt der Beratungsstelle Amalie hat zum Ziel, Frauen bei einem Ausstieg aus der Prostitution schnell und weitreichend zu unterstützen. Damit wird eine wichtige Lücke im Versorgungssystem für Frauen in Notsituationen geschlossen. Durch das Wohnprojekt kann eine erhebliche Hürde im Ausstiegsprozess überwunden werden. Den Frauen wird dadurch zeitnah ein betreuter Schutzraum durch Soziale Arbeit geboten, der sie vor der Verfolgung durch Zuhälter und Menschenhändler schützt.

Vor Ort werden sie von Sozialarbeiterinnen und Ehrenamtlichen mehrmals pro Woche psychosozial betreut und begleitet. Ziel ist, sie in einem Zeitrahmen von sechs bis neun Monaten zu stabilisieren und sozial wie auch beruflich zu integrieren. Zu Beginn jeder Aufnahme ins Wohnprojekt stehen die Unterstützung und Begleitung bei behördlichen Angelegenheiten, die Einrichtung einer Krankenversicherung, die Eröffnung eines Bankkontos, psychosoziale Gespräche sowie Bemühungen um eine Integration in den Arbeitsmarkt im Vordergrund. In der Praxis erweist sich die Akquise von Arbeit und Wohnraum für betreute Frauen immer als langwierig und schwierig.

Ganzheitliche Betreuung

In der Regel werden die Frauen von Amalie nur über einen Zeitraum von bis zu zwei Jahren betreut. Die Frauen des Wohnprojektes können die Angebote von Amalie auch nach dem Auszug aus dem Wohnprojekt für eine begrenzte Zeit in Anspruch nehmen. Die Begrenzung der Betreuungsdauer ergibt sich aus dem Umstand, dass Amalie jedes Jahr neue Frauen in die Einzelfallhilfe aufnimmt. Einem Teil der Frauen gelingt es nach zwei Jahren tatsächlich, ihr Leben selbstständig zu bewältigen.

Viele Frauen berichten, dass sie körperlich krank sind oder dass sie mit psychischen Traumata und Erkrankungen zu kämpfen haben. Unsere Betreuungsarbeit der vergangenen Jahre hat gezeigt, dass die Frauen aufgrund der Tätigkeit im Rotlichtmilieu über viele Jahre hinweg psychisch instabil und traumatisiert sind. Mangelndes Selbstbewusstsein, Unsicherheiten aufgrund fehlender Sprachkenntnisse und die negative Einschätzung eigener Ressourcen bilden enorme Hürden für einen geregelten Alltag. Hinzu kommen Selbstzweifel und Scham bezüglich der Jahre in der Prostitution, die therapeutisch aufgearbeitet werden müssen.

Besonders bei jenen Frauen und ihren Kindern, die Opfer von Menschenhandel waren und somit schwierige Gewalterfahrungen erlebt haben, besteht ein hoher Bedarf an längerfristiger psychosozialer Betreuung. Ein wesentlicher Grund für den Ausstieg war oftmals eine Schwangerschaft und die Entscheidung für ein Kind. Gerade in der Phase, wenn Frauen wieder stärker am sozialen Leben teilnehmen bzw. sich um eine Arbeit bemühen, kommen sie im Alltag an ihre Grenzen. Plötzliche und teilweise auch unerwartete Schübe von Depressionen und psychischen Erkrankungen können auftreten und weisen schmerzlich darauf hin, dass die Verarbeitung der Zeit in der Prostitution noch nicht gelungen ist.

Ein Schwerpunkt von Amalie liegt darin, die Frauen in ihrer psychischen Situation zu stabilisieren, unterstützende Netzwerke gemeinsam mit ehrenamtlichen Kräften auszubauen und nach Möglichkeit stabile Erwerbsstrukturen zur Sicherung des eigenen Lebensunterhalts zu schaffen. Dieser schwierige Weg ist nur zu leisten, wenn die Frauen Handlungskompetenzen für den Lebensalltag entwickelt haben. Das zugrunde liegende Konzept des Empowerments versucht den Frauen nachhaltig Wege aufzuzeigen, Verantwortung für das eigene Handeln zu übernehmen und ihre eigenen Ressourcen wahrzunehmen und zu stärken.

Ausstiegsinterview mit Irina

Julia Wege

Interview mit Irina, 33 Jahre alt. Sie arbeitete für ihren Zuhälter mehrere Jahre in der Prostitution und konnte inzwischen aussteigen. Heute führt sie ein selbstbestimmtes Leben.

Julia Wege: Wo bist du aufgewachsen und welche schönen Kindheitserinnerungen hast du?

Irina: Also ich bin aufgewachsen in Bulgarien, in einer kleinen Stadt. Meine schönsten Erinnerungen sind, als ich fünf oder sechs Jahre alt war. Ich habe den ganzen Tag mit meinen Schwestern gespielt und gesungen. Ich habe mir immer gewünscht, dass ich eine Sängerin werde.

Julia Wege: Gibt es noch eine Erinnerung mit deiner Familie?

Irina: Es gibt so viele schöne Erinnerungen mit meiner Familie. Aber die schönste Erinnerung, die ich habe, ist die Urlaubszeit mit meiner Schwester am Meer. Wir haben uns so gefreut und waren einfach glücklich, weil wir den ganzen Tag am Meer im Wasser waren. Wir sind ganz blau geworden von der Kälte, aber trotzdem sind wir immer im Wasser geblieben, weil es einfach schön war. Meine Stadt ist so ungefähr 15 km von dem Meer entfernt und wir sind jedes Wochenende ans Meer gefahren.

Julia Wege: Wie hast du deine Jugendzeit erlebt?

Irina: Als Teenager? Also meine Familie war zu streng, mein Vater war zu streng. Wir haben zu viele Gesetze und Regeln gehabt. Aber als ich 16 oder 17 Jahre alt war, habe ich mit meiner Schwester angefangen, diese Regeln zu brechen. Wir sind immer spät weg gewesen, bis 2–3 Uhr, dann gab es immer Streit mit meinem Vater. Dann kam ich auf den falschen Weg, weil wir mehr Freiheit haben wollten. Es war gut, was mein Vater gemacht hat. Jetzt verstehe ich es, aber leider ist es zu spät.

Julia Wege: Was war der Anlass, nach Deutschland zu kommen?

Irina: Es war gar nicht meine Entscheidung. Ich hatte einen Freund gehabt und er hat gesagt, dass er mich liebt und er mich heiraten will und mit mir zusammenleben möchte. Er hat mir erzählt, wir gehen gemeinsam nach Deutschland, wir arbeiten, wir kaufen uns ein Haus oder eine Wohnung und dann können wir ruhig wohnen und leben. Er wollte sich mit mir etwas aufbauen, weil wir zu jung seien und kein Geld haben, nichts haben. So hat er es mir gesagt und dann habe ich gesagt, ok, wir können gehen. Ich habe meiner Familie gar nicht erzählt, dass ich weggehe und bin einfach fortgegangen mit diesem Jungen. Danach habe ich verstanden, alles war eine große Lüge. Ich musste im Puff arbeiten, nicht wie er erzählt hatte, dass wir beide zusammenarbeiten und Geld sparen. Dann ist das Schlimmste passiert.

Julia Wege: Kannst du dich noch an deinen ersten Tag in der Prostitution erinnern?

Irina: Ich glaube, mein Gedächtnis hat einen Schutz und alle schlechten Sachen sind schon wie gelöscht. Aber doch ich erinnere mich, der erste Kunde war ein Mann zwischen 40–50 Jahren. Er ist zu mir gekommen, ich war in einem Laufhaus. Er ist zu mir gekommen und ich habe mich so weggedreht und ihm meinen Rücken gezeigt, weil ich dachte, ich könnte es entscheiden. Ich wollte nicht mit diesem Mann aufs Zimmer gehen. Er hat mich nach dem Preis gefragt und dann hat eine Kollegin gesagt: „Geh doch rein, geh doch rein! Das ist deine Arbeit, du musst das machen!" und dann bin ich rein gegangen. Aber ich weiß nicht mehr so viel, was dann passiert ist. Ich glaube, ich habe alles gelöscht.

Julia Wege: Kannst du dich noch erinnern, was du damals gefühlt hast?

Irina: Es waren keine schönen Gefühle. Es war irgendwie wie eine Vergewaltigung, weil, wenn du etwas musst, was du nicht möchtest, ist es doch eine Vergewaltigung. Du bekommst Geld dafür, aber du möchtest das nicht machen.

Julia Wege: Wie alt warst du damals?

Irina: Also ich war genau 18 Jahre alt, als ich das erste Mal nach Deutschland gekommen bin und dann bin ich sofort in einer Bordellstraße gelandet. Aber später verstehst du alles.

Julia Wege: Also bist du mit einem Loverboy, mit einem Zuhälter, eingestiegen?

Irina: Ja, genau und danach wollte ich schon zurück nach Hause gehen. Er hat mir gesagt, wenn du nach Hause gehst, bringe ich deine Familie um, ich erzähle deiner Familie, was du hier gemacht hast. Ich war zu klein und zu naiv und dann hatte ich so viel Angst und ich habe es einfach weiter gemacht.

Julia Wege: Was hast du deiner Familie damals erzählt?

Irina: Ich habe erzählt, dass ich in einer Bar arbeite, wie eine Bedienung. Sie haben mir zuerst gar nicht geglaubt, weil sie mich bei Interpol als vermisst gemeldet hatten, als ich mit dem Jungen weggegangen bin. Nach kurzer Zeit hatten wir im Rotlichtmilieu eine Razzia, weil die Prostitution für bulgarische und polnische Frauen damals nicht erlaubt war, sie waren noch nicht Teil der EU. Ich hatte illegal gearbeitet mit einem falschen Pass, den mein Zuhälter gekauft hatte. Ich wurde von der Polizei aus Deutschland ausgewiesen. Meine Familie hat mich gefragt: „Was hast du gemacht?". Ich habe erzählt, dass ich als Bedienung gearbeitet habe, eine Razzia gewesen sei und sie mich heimgeschickt haben. Das habe ich erzählt, ich konnte die Wahrheit nicht sagen, weil ich so viel Angst hatte.

Julia Wege: Hättest du dir damals schon Hilfe in Deutschland gewünscht?

Irina: Doch schon, aber ich wusste nicht, wo ich hingehen muss. Ich konnte Deutsch sprechen, um meine Situation zu erzählen. Bei der Razzia haben mich die Polizisten gefragt: „Hat dich jemand hierhergebracht, um diesen Job zu machen?" Mein Freund hat gesagt, ich müsse gar nichts erzählen, weil ich sonst große Probleme bekomme. Er hat mir gesagt, ich bringe deine Familie um und lasse dich am Leben, damit du siehst, dass du niemanden hast. Ich habe gar nichts erzählt. Er hat mich auch so viel geschlagen, wenn ich nicht genug Geld nach Hause gebracht hatte.

Julia Wege: Wie hat er dich kontrolliert?

Irina: Er hat mich immer angerufen und ist ins Bordell gekommen. Er hat nachgeschaut, wie lange meine Tür zu ist. Ich musste innerhalb von 10 Minuten einen Gast befriedigen. Wenn der Gast zu lange in meinem Zimmer war oder sich zu langsam angezogen hat, hat er mich immer geschlagen.

Julia Wege: Was waren deine Belastungen während der Zeit in der Prostitution?

Irina: Der Stress kam immer nur von meinem Freund. Er hat mir immer nur Stress gemacht, wegen der Arbeit, wegen der Zeit, wie lange ich bleibe, wegen dem Geld und dann nichts anderes. Ich habe immer versucht, mehr zu arbeiten, mehr Geld zu verdienen, dass ich keinen Ärger von ihm bekomme.

Julia Wege: Wie viel Geld durftest du behalten?

Irina: Ich habe gar nichts behalten. Er hat mir alles genommen. Wenn ich etwas kaufen wollte, hat er es mir gekauft. Ich hatte nie Bargeld von ihm. Eventuell dachte er, mit Geld würde ich nach Hause gehen, mir ein Ticket kaufen, deswegen durfte ich gar nichts behalten.

Julia Wege: Wie hast du den Ausstieg geschafft?

Irina: Ich habe aufgehört, weil ich schwanger wurde, aber trotzdem war ich müde von allem, meine Psyche war kaputt. Meine Schwangerschaft hat mir viel geholfen, dass ich aussteigen konnte, aber danach kamen andere Probleme. Ich hatte keine Wohnung, ich hatte keine Krankenversicherung, ich hatte nichts. Also haben mir Bekannte geholfen und dann bin ich zu Amalie gegangen, da habe ich die größte Hilfe bekommen.

Julia Wege: Welche Hilfe hast du bei Amalie erhalten?

Irina: Amalie hat mir geholfen, dass ich eine Hebamme bekomme, einen Vorbereitungskurs für schwangere Frauen machen kann und dann haben sie eine Wohnung gefunden, weil ich keine Wohnung hatte. Zuerst war ich in dem Wohnprojekt, bevor ich meine Wohnung gefunden hatte. Sie haben mir geholfen, alle Dokumente auszufüllen. Also am Anfang ohne Krankenversicherung haben sie mir alle Arztrechnungen bezahlt. Das wichtigste, wobei Amalie mir geholfen hat, war zu verstehen, dass die Frauen selbstständig Entscheidungen treffen können und auch stark sein können.

Julia Wege: Wünschst du dir eigentlich nach so vielen Jahren in der Prostitution, in der du ausgebeutet wurdest, auch Gerechtigkeit?

Irina: Ja, das wünsche ich mir. Aber jetzt ist alles vorbei und ich will alles vergessen. Aber es wäre gut, wenn alle Männer die Strafe bekommen. Weil sie mit den Frauen so gespielt haben. Sie haben sie angelogen, sie so ausgenutzt und ihr Leben kaputtgemacht. Ich will, dass es eine Gerechtigkeit gibt und alle die Strafe bekommen. Aber ich kann mir es nur wünschen, weil es so nicht geschehen wird.

Julia Wege: Wie geht es dir momentan?

Irina: Momentan geht es mir ganz gut. Ich habe vielleicht bald einen neuen Job, ich habe mein Kind und wir alle sind gesund, das ist die Hauptsache.

Julia Wege: Wenn du drei Wünsche frei hättest, was würdest du dir wünschen?

Irina: Ich glaube, alles was ich mir wünsche, habe ich schon. Ich brauche keine anderen Wünsche. Dass wir alle gesund sind, dass meine Familie gesund ist, das ist alles.

Was wünschst du dir für deine Kinder, welche Werte möchtest du ihnen mitgeben?
„Wenn ich einmal Kinder bekommen sollte, ist das erste Gebot Toleranz. Wenn du diese nicht hast, hast du nichts. Mitgefühl ist wichtig. Man muss den anderen gegenüber auch Mitgefühl zeigen. Mir ist wichtig, dass sie alles machen können, was sie sich vorgestellt haben, dass sie großartig sein sollen im Leben, egal welche Richtung sie einschlagen."

Wenn du in die Vergangenheit reisen könntest, was hättest du anders gemacht?
„Mehr Vertrauen in mich selbst setzen, mir nicht die Schuld dafür geben, was in dem Leben anderer passiert und was mir selbst passiert ist."

Was bereitet dir Freude im Leben?
„Erfolg, in allen möglichen Sinnen. Erfolg wäre, glücklich aufzustehen und zu sagen: „Ich kann meinen Tag angehen!". Erfolg wäre, zu sehen, dass alle anderen das gleiche Ziel haben. Einfach sich glücklich zu fühlen. Menschen zu helfen, wenn ich helfen kann."

Was wünscht du dir von den Besucher*innen der Fotoausstellung, was sollen sie daraus mitnehmen und lernen?
„Ich wünsche mir etwas von ihnen, bevor sie die Fotoausstellung besuchen. Sie sollen vor dem Ankommen einen leeren Kopf haben und keine Vorbehalte haben. Sie sollen sehen und spüren, wie es uns geht."

Wo ist dein Zuhause?
„Ein Zuhause kann man sich überall bauen, da dieses dort liegt, wo man sich wohlfühlt. Heimat ist eine andere Sache. Meine Heimat trage ich in meinem Herzen, ich bin geborene Jamaikanerin, dieses Land liebe ich. Ich bin aufgewachsen in Deutschland, dieses Land liebe ich. Werde ich in Deutschland für immer bleiben? Nein. Überall kann das Zuhause sein, wo man am besten glücklich sein kann, wo man seine Familie aufbaut."

Wenn eine gute Fee dir drei Wünsche schenken würde, was würdest du dir wünschen?
„Dass ich noch einmal 20 Jahre alt wäre, würde ich mir wünschen. Dass ich immer gesund wäre und dass ich ein schönes Leben hätte."

Wenn dein Leben ein Buch wäre, welches Kapitel dürfte man nicht vergessen?
„Meine Kindheit, weil ich eine schöne Kindheit hatte, von Geburt bis ich 11 Jahre alt war. Die Urlaube waren immer schön, bei meiner älteren Schwester in Griechenland auf dem Bauernhof, darauf habe ich immer hingefiebert."

Was wünschst du dir, was soll im Kontext von Prostitution verändert werden?
„Ich wünsche mir, dass die Menschen verstehen, damit aufzuhören, Prostituierte und das Rotlichtmilieu in eine Schmuddelecke zu drängen. Dass man versteht, wir sind ganz normale Frauen mit ganz normalen Ansichten. Man sollte aufhören, auf uns herabzuschauen. Ich wünsche mir, dass wir genauso mit Respekt behandelt werden, wie jeder andere auch. Dass wir dies nicht so stark verheimlichen müssen und Angst haben, erkannt zu werden."

Verzeichnis der Autor*innen

Prof. Dr. Martin Albert ist Professor für Theorie und Methoden der Sozialen Arbeit an der SRH Hochschule Heidelberg.

Stephanie Herrmann M.A. ist seit 2015 Wissenschaftliche Sammlungsleiterin und Ausstellungskuratorin des Forum Internationale Photographie an den Reiss-Engelhorn-Museen in Mannheim.

Laura Quandt betreut als Sozialarbeiterin (B.A.) der Beratungsstelle Amalie Frauen, die aus der Prostitution ausgestiegen sind.

Saskia Sauter berät als Sozialarbeiterin (M.A.) der Beratungsstelle Amalie Frauen in der Prostitution im Kontext von Einzelfallhilfe und Casemanagement.

Prof. Dr. Julia Wege ist Professorin für Methoden der Sozialen Arbeit an der RWU Hochschule Ravensburg-Weingarten. Sie gründete 2013 die Beratungsstelle Amalie des Diakonischen Werks Mannheim und übernahm die Leitung bis 2021.

Hyp Yerlikaya ist als international tätiger Fotograf und Künstler maßgeblich an der Konzeption und Umsetzung der Ausstellung beteiligt gewesen und begleitete die dargestellten Frauen über einen Zeitraum von über zwei Jahren mit der Kamera.

Bildnachweis

Sollten in diesem Katalog trotz intensivster Recherche Fehler oder Mängel im Nachweis der Bilder enthalten sowie Rechtsansprüche Dritter unberücksichtigt geblieben sein, danken wir für jeden Hinweis.

© akg-images: S. 16, 19 (oben), 20, 22
© akg-images / Alfons Rath: S. 13
© akg-images / Sotheby's: S. 18
© Hyp Yerlikaya: S. 14, 29, 32–114, 119–120, 131–132, 142, 150
© Lee Friedlander, courtesy Fraenkel Gallery, San Francisco: S. 24
© Manu Theobald: S. 11
© Roswitha Hecke: S. 26
© Städt. Museum Schloss Rheydt: S. 21
© Statens Museum for Kunst, Denmark – CC0: S. 19 (unten)
© William Goldman: S. 23

Band 92 der Publikationen der Reiss-Engelhorn-Museen

Impressum

152 Seiten mit 61 Abbildungen
Titelabbildung: © Hyp Yerlikaya

Bibliografische Information der Deutschen Nationalbibliothek
Die Deutsche Nationalbibliothek verzeichnet diese Publikation in der Deutschen Nationalbibliografie; detaillierte bibliografische Daten sind im Internet über http://dnb.d-nb.de abrufbar.

Lektorat: Tina Sieber, Jana Spielmeyer
Gestaltung des Titelbildes: Thomas Glas/Glas AG, Seeheim-Jugenheim.
Gestaltung: H. J. Wiehr, Mainz
Druck: Schleunungdruck GmbH, Marktheidenfeld
Buchbindung: Hubert & Co. GmbH & Co. KG. Buchpartner

Printed in Germany by Nünnerich-Asmus Verlag & Media
Weitere Titel aus unserem Verlagsprogramm finden Sie unter:
www.na-verlag.de